扬州讲坛

走进
王朝深处

# 历史十讲

纪连海 等著

人民东方出版传媒

东方出版社
The Oriental Press

# 为文化的宏伟殿堂添一块砖瓦

我是一个年近九十的老人，这一生为弘扬佛法，经历过大时代的洗礼，也行脚过世界许多地方，但心中始终有一份对故土的牵挂与怀念，希望能凭借自己的微薄之力，报答故乡山川土地对我的滋养；回馈故乡父老朋友对我的厚爱。因此，当上个世纪末，我有机会回到故乡，就开始朝此方向努力。

感谢全世界佛光人认同我的愿心，以及大陆各地许多领导支持我的理念，群策群力，先后建设了鉴真图书馆、佛光祖庭宜兴大觉寺，也成立了星云大师文化教育公益基金会，以及上海大觉文化公司等。其中，2008 年在鉴真图书馆设立的"扬州讲坛"，经过七年耕耘，已经结出丰硕的文化果实，成为扬州这座古都一张足以骄傲的文化名片。

鉴真图书馆的设立，是为了佛学研究，图书馆里典藏了几十万册佛学及文史哲图书，还有环境优美的研究室，并且免费给学者提供食宿。然而我是一个有人间性格的人，总觉得偌大的图书馆只为少数学者服务，似乎可惜了，于是想到成立"扬州讲坛"，每个月两场，邀请两岸四地，甚至海外的名家来演讲。有些学者专家公务繁忙或时间无法配合，为了给大众欢喜，我一一亲自打电话邀请。他们来到扬州后结下善缘好缘，喜欢上扬州，跟我们也成为了好友。

"扬州讲坛"至今能坚持讲学不辍，因为我对执行的弟子说：讲题要开放，海纳百川，不限与佛教相关；讲者要多元，各领域专精者都欢迎。

最近听说，"扬州讲坛"的精彩内容要编辑出版了，我非常高兴。借此机会，首先感谢近百位主讲人，其次要感谢扬州市领导，最应该谢谢的是热情听讲的大众。除了扬州市民，很多都是远从其他地方来的，诚意可感。

中华文化博大精深，是我们炎黄子孙珍贵的的精神遗产，也是以泱泱大国之姿傲立世界的软实力。这几年政府提倡弘扬传统文化，我觉得方向十分正确，也极具远见。这套书的出版，或许可以为正在建设中的宏伟文化殿堂，添加一块小小的砖瓦。不久的将来，让我们用文化的面容，在 21 世纪受全世界尊重！

值此出版前夕，仅以这篇小文为序。

星云

2015 年 2 月 4 日于佛光山

# 出版说明

久在喧嚣的都市间生活，每天不由自主地奔驰在生活的快车道上，越来越多的人向往着内心的宁静，渴求心灵再次得到知识的滋养。

当代中国不乏心怀天下、学富五车的名家学者，让他们走近寻常百姓，需要的是多元化的通道。"扬州讲坛"正是这样一座联结大师与普通听众的文化桥梁。

"扬州讲坛" 2008 年由星云大师开办。秉持着"回馈故乡父老朋友"的朴素愿望，星云大师和"扬州讲坛"工作团队尽心尽力，广邀全国乃至海外各界名家。讲坛开办至今，历经风雨，已发展成为国内顶级的高端文化论坛，星云大师、纪连海、于丹、余秋雨、林清玄、余光中等近百位名家大师先后登坛。不少听众不远千里赶到扬州，现场常常出现一票难求的盛景。"北有百家讲坛，南有扬州讲坛"，正是听众对讲坛最真诚的赞许。

七年间，扬州讲坛沉淀下丰富宝贵的内容，范围涵盖遍及社会、历史、哲学、文学、经济等方方面面。我们拟将讲座精华按类汇编，结集出版，以飨读者。本次首推三册，选取最受大众关注和喜爱的题材，分别从"历史""国学""人生"三个角度切入。

"历史十讲"意在知古察今，向历史寻求智慧，开阔胸怀；"国学十讲"重在对国人传统精神的解读，以期全面提高今人道德修养、审美情怀；"人生十二讲"则以人生哲学为主，关注现实，服务当下。

首批三册出版后，其他领域的内容也将择机陆续面市。希望无缘到场的读者也可身临其境，一起聆听当代中国最有价值的大师之声。

本书策划与出版过程中，得到扬州讲坛和上海大觉文化传播有限公司的大力支持，在此表示诚挚的感谢！

# 目录

二月河

　　著名作家。曾创作出大量优秀帝王小说，因其笔下五百万字的"帝王系列"，《康熙大帝》《雍正皇帝》《乾隆皇帝》三部作品，被海内外读者熟知。现任郑州大学文学院院长、河南大学兼职教授。

# 康雍乾三朝政务与文化兴替

## 二月河

我的一些书名，讲康熙是《康熙大帝》，雍正是《雍正皇帝》，乾隆是《乾隆皇帝》。这为什么就偏偏把康熙写成这个"大"字呢？我们教科书过去说封建地主阶级是阴险、毒辣、虚伪和残忍的，现在要把康熙的"大"字写好，那就需要一个思想理念的转换。那康熙究竟"大"不"大"呢？究竟用什么样的标准来衡量这一个历史人物呢？

## 康熙为什么是"大"帝？

过去按照阶级划分，地主阶级的本质就是虚伪残忍、冷酷无情的。我们现在用什么样的标准评价呢？我用这么三个"凡是"：凡是在中国历史上对于加强民族的团结、对于国家的统一作出过贡献的；凡是在中国历史上对于发展当时的生产力、改善当时人民生活水平作出过贡献的；凡是对于当时的科技、文化、教育作出过贡献的。有这样三个"凡是"，我就给予歌颂，凡是对于这三条做出过破坏的，我就给予鞭挞。

比如蔡伦是个太监，郑和也是个太监，司马迁是个残疾人，毕昇是个平民，但是只要你作出过贡献，我就给予歌颂。反之，不管你是什么出身，是贫下中农或者是出身赤贫，你对当时的生产力，对当时人民的生活做出过摧残的，我就给予鞭挞。

康熙这个人，八岁登基，十五岁妙谋远虑智擒鳌拜，十九岁决议撤藩，二十三岁开博学鸿儒科，二十九岁解决台湾问题、新疆问题、三次亲征准噶尔、六次南巡，这是他一生雄才大略的这一方面。

在文化上，我们现在还在用《康熙字典》。在康熙时期，还修出了我国的第一部类书，叫作《古今图书集成》，还有《佩文韵府》。在康熙时期，也出现了我国第一部由极其浪漫主义到极其现实主义的一个短篇小说集《聊斋志异》。这是文化上的贡献。

康熙在故宫里面自己种了二亩稻子的试验田，亲自试验出了双季稻，后来在长江以北、在辽南这一带广泛推广，使粮食产量几乎增加一倍。我们知道，数学里面，一元二次方程有这个元、次、根，元、次、根这三个字从哪里来呢？是康熙给我们留下来的。他自己也是个数学家。康熙还懂七国外语。

我们现在的学术界已经认知了康熙。康熙即位的时候面临的是什么问题呢？除了我刚才谈到的这些，还有一个三藩。

满洲人入关的时候，总兵力是多少呢？只有八万多人，加上吴三桂在山海关的驻军四万多人，总兵力大致就是在十三万以内。汉族人的兵力是多少呢？李自成进驻北京的前期部队就有一百多万，南明唐王有二百多万，加上散处于全国的地主武装力量，汉族的总体兵力，应该是四百万左右。在读到这一段历史的时候，我曾经是产生很大的疑惑，四百万人对十几万人，怎么会摧枯拉朽一般就失败了呢？

后来一看，是整个民族的精神气没了。

李自成进北京是甲申年（1644）的三月十九这一天。大约是晚上十点钟左右，李自成攻城的炮声就响了。崇祯皇帝手下的太监们就去把城门打开，欢迎李自成进北京。

当时崇祯皇帝下令去撞响景阳钟，景阳钟是召集文武百官开会来的。在中国历史保留下来的资料里，没有任何一个资料曾经说过崇祯皇帝召集这一次会议是准备做什么事情，我觉得崇祯皇帝这个时候召集文武百官，只会做一件事情，就是下令集体自杀。要让满朝文武在故宫，也就是紫禁城里集体自杀。想用这样一个壮烈的行动，来激励全国对流寇的抗拒。

但是谁都知道他想干什么，钟声撞了很长时间，没有一个人来开会。于是崇祯皇帝就下令，命令东厂锦衣卫去杀人。他自己就提着宝剑，杀自己的女儿。儿子他没杀，他杀他的女儿。一边用剑砍一边就说那一句千古名言，"谁叫你生在帝王家！谁叫你生在帝王家！"

杀完以后，崇祯皇帝还没有自杀的心思，他是从东华门逃出去，逃到了朝阳门外，他的亲信大臣都在朝阳门外住。他挨个儿敲自己的亲信大臣的门，希望有人能够收容他，但是也没有一个人给他开门。在这样的情况下，崇祯皇帝才到了煤山去自尽。

崇祯皇帝最后的一道诏书，不是写给明代臣子们的，而是写给李自成的。他咬破了自己的手指头，把袍子撕下来，沾着自己的血，在上面写了一首诗："诏尔李自成，百官任尔杀，不可害百姓。"当然崇祯皇帝他有失误，但是他的勤政，在当时做得是相当好的。

满洲人入关打的是什么旗号呢？是为明复仇，要消灭李自成，替崇祯皇帝报仇。但是入关了以后，满洲人不走了。尤其是满洲人进关的时候，民族战争极端惨烈。嘉定三屠、扬州十日，给整个汉族留下来一种仇恨的火种。可以说一直到了满清灭亡，都没有熄灭掉汉人对满洲人那种仇恨的心理。这是康熙所面临的民族心理问题。

康熙停止了修长城，说"朕以人民为长城"。并且在承德修了很多喇嘛庙，他就是为了团结塞外的少数民族，把帝国内相对的仇恨变成一种友好的、和睦的往来。所以我们才拥有了现在这五十六个民族互相团结的局面。

## 中国的潘多拉

康熙是一个什么样的人？我认为康熙是中国的潘多拉。我们华夏民族，从秦始皇到宣统有二百七十多位皇帝，如果给划分一下的话，康、雍、乾这三个皇帝是一组，称之为"回光返照组"。老一点的同志都会有这种经验，小油灯点到最后的时候，里面已经没有油了，剩下那么一点点，在即将熄灭的时候，却呼腾、呼腾跳很高，然后，啪，灭了！这在生理现象里面就叫回光返照。就是说，康熙、雍正、乾隆处于这个回光返照期。

我们知道，到了乾隆年间，中国的 GDP 还相当于现在的美国。整个的经济形势，达到了中国封建社会极为成熟、极为完善的这样一个阶段，封建文化也达到了极为灿烂的程度。取康熙、雍正、乾隆的一滴文化水，可以认知到中国封建社会的人文的型态，感受到它的灿烂性、它的璀璨性、它的迷人性。

康熙有很多西洋老师，他自己在数学、音乐、地震学、外语这些方面，都有突出的造诣。他个人的兴趣，可以说是很先进的。康熙自己本人还三次下令，停止科举考试，开海禁。从明代一直有海禁，开海禁的情况，就是我们一船一船运出去的是瓷器、茶叶、药材和香料，运进来的是什么东西呢？是一船一船的银子。

我们读《红楼梦》，里面有一个人物叫王熙凤，这大家都知道。但是王熙凤她娘家是做什么的？是粤、闽、滇、浙四省海关总督。这个职务只有康熙年间才有。所以王熙凤是我们中国最早的外交官的女儿，她这个人不信神、不信鬼、也不信佛，只相信金钱。她还讥笑贾府里面的人，你们那个钱"金的，银的，圆的，扁的，压塌了箱子底"。她不主张这个，她主张放高利贷，让钱出去流通。这只有是一个外交官的女儿她才有这种思维。

那么就是说海关总督这一个职务维持了二十多年。如果我们开海禁的政策不停止，那么跟西方的这种往来一直也能够继续下去，我们中国的工业革命大致能与西方的工业革命同步进行。那么我们后来的形势又会如何呢？还会不会发生鸦片战争这一类的事情呢？那谁也说不清楚。

1985年的时候，姚雪垠老先生到南阳去，我们两个人曾经有过一次会晤。当然他本人也是南阳人，那时候我还没有出书。当时我们说到了我这个《康熙大帝》。我说康熙当时和俄国的彼得大帝是同时期的人，康熙即位比彼得大帝要早，彼得大帝死的时候康熙还没有死，而且是两个人还交过手，彼得大帝不是康熙的对手。那为什么俄国人能够称彼得是大帝？我们中国人就不能称康熙是大帝呢？大帝，Great，就是伟大的意思，我们中国没有Great这个字。

从政治治理经验，从国家的富强、政治的稳定，国家的统一团结各个方面，两个人相比较，彼得都是不及康熙的。但是彼得有先进的理念。在彼得时期，俄国已经狂热地开始修铁路。康熙自己本人那样热爱数学，那样热爱外国的科学，还亲自写过三篇关于地震的论文，但他就没有把他个人的兴趣运用到他的工作当中去。他领导着这么庞大的一个国家，如果能够把自己这些先进的理念注入到他的工作当中去，比如说派一些留学生，比如说多请一点西方的科学家到我们中国来，我们很可能会出现一种新的局面。

所以我就认为康熙这个人，是中国的潘多拉。他曾经把这个盒子打开过，但是他没有坚持到底。原因就是，有人跟他讲，这个崇祯皇帝的儿子朱三太子，就在爪哇、印尼、马来西亚、新加坡、暹逻这一带的国家里面。你现在开海禁，如果将来这个朱三太子带着部队浩浩荡荡地开回来，这个江山你让还是不让呢？因为他们入关的时候打这个旗号就是替明复仇，现在人家的儿子回来了，你这个江山让不让呢？他听了以后就马上把这个盒子一扣，这个海禁政策，也就恢复了原来的状态。

即使如此，康熙对于我们整个民族的贡献还是很大的。他解决了台湾问题，解决了新疆问题，使我们中华民族整个大一统的这种格局，在康熙时期就有了一个基本的定型。我们看到今天华夏五十六个民族的团结，看到我们九百六十万平方公里的领土。所以我说康熙这个人是批不得的，就像物理学里面不能够回避牛顿一样，我们也无法回避康熙。

## 汉奸与开博学鸿儒科

康熙十九岁撤藩，在康熙二十三岁这一年，平息吴三桂的造反，进行了五年。这个战争没有结束，康熙就开博学鸿儒科，就是为了解决汉族知识分子对他的不满。用我们今天讲到的，满族人入关的时候，总体的这种形势，就算是你替明朝报了仇，也该回你老家去。是什么人使他们在中原能够坐定了江山呢？是汉奸，所以说老百姓对于汉奸极端反感、极端厌恶。

我跟大家讲个人，叫作洪承畴。在崇祯即位的时候，洪承畴是北京的一个士官。崇祯在这十一年当中，把他一直提拔到了经略大臣，就是相当于天下兵马大元帅这个位置。洪承畴在松山与清军作战，失败被俘，被俘了以后全国人民一致认为洪承畴必死无疑，他应该不是骂贼而死，就是自杀报答国家。洪承畴自己本人确实也是如此，在他被抓到了以后，前六天不吃不喝、不说话、不睡觉，在那个地方僵坐如偶。多尔衮就认为洪承畴这个人肯定是不能留了，把他杀掉算了。

洪承畴过去的一个老朋友范文程，降清降得比较早，他就说，你别急着杀他，我先去他那里看一看，回来你再决定如何。他就去找洪承畴，喝茶聊天。聊了一会儿天，范文程就回来了，报告说："洪承畴不死矣。"这个人是不会宁死不屈的，我们找他的弱点嘛，我们开座谈会调查他的问题，他肯定是可以投降的。这多尔衮就问他，你何以见得呢？他说，我和洪承畴坐这个地方去聊天，从房梁上面掉那个灰絮子下来，掉在洪承畴衣服的前襟上面，洪承畴很小心地把他衣服上的这个灰絮子就给掸掉。你想他连一件衣服都舍不得，能舍得他的命吗？

多尔衮就派人给他端了一锅人参炖鸡汤。有人说派的是大玉儿就是孝庄太后，也有人说是派了个美女。当然，他喝了以后精神大振。第二天见了皇太极，噗通一下就跪那个地方，说是瞠目而言："此真命世之主也！"当时在北京的崇祯皇帝还不知道他投降了，还以为洪承畴一定会骂贼或者是自杀而死，准备在北京给洪承畴开一次隆重的追悼会，"予祭十六坛"，用最高规格的追悼会来追悼洪承畴。当时崇祯皇帝御笔亲写了一篇祭文，叫作《祭洪承畴文》。追悼会准备第二天就要召开了，结果头天传来消息，说洪承畴投降了，这才了了。

那么洪承畴这个人最后是怎么死的呢？他应该说是被人骂死的。过年，老百姓给他家门上贴了个对联，上联是"一二三四五六七"，下联是"孝悌忠信礼义廉"。"一二三四五六七"，就是忘八；"孝悌忠信礼义廉"，第八德是耻，就是无耻。

他具体做的事呢？他打下南京以后，在南京这个地方举办大型的追悼会，追悼清军的阵亡将士。把南京所有的和尚、道士，还有能作法事的人，三军将士，所有的绅耆都请去了，规模极大。正是搞得热闹的时候，洪承畴过去的一个学生，叫金声，字正希，到那个地方跟洪承畴作个揖说，老师，你好你好！好长时间不见了，老师气色很不错。洪承畴说，你既然已经来了，就坐下来观礼吧！金正希说，我有一篇文章，想请老师指教。洪承畴说，我带兵多年，现在是个将军，"厌听文事"，现在已经不看文章了，而且我眼睛也不好。金正希就说，老师你眼睛不好，那你坐那个地方，听我给你读。

于是在这样一个大场合，当着几千人的面，金正希从怀里面掏出一篇文章就读。读了什么呢？《崇祯皇帝御制悼洪经略文》，就是崇祯给他那个追悼会写的悼词。洪承畴本人因这个事情就忽忽不乐，过了几个月他就死了。这些都是当时的段子，表示了汉族知识分子，汉族人对于降清的汉奸们的这种基本态度。

康熙要解决这个问题，开博学鸿儒科就是一招。因为当时知识分子不愿意去北京参加考试，参加考试的人还没有礼部定的考中的名额数量多。这就正应了蒯通说刘邦的这个话，就是来跟着你的这些人，都是些不要脸的人。

来参加考试的人都是些这种人，那些真正的高级知识分子们没有人来。考生走的时候，地方官，比如你们扬州从守卫的侍卫、市的市长、到省里面的领导，通通都要去欢送，就等于是坐专机到北京去参加考试。即使如此，像浙江的黄宗羲，山西的傅山，这样声望极高的、大师级的人物，这一批高级知识分子，还是不愿意参加考试。那么你不愿意来参加考试怎么办呢？用绳捆锁绑，你也得来。

到了北京，这些人"藉卧古寺"，就是躺在庙里面，说我有病，我不能参加考试。怎么办呢？康熙通通忍受了，他说参加考试的，不管你考得上或是你考不上，我通通授官。这些知识分子是怎样难为康熙的？有的到考场上交白卷，有的故意做错事，有的故意填错格，总之就是故意在考场违规，希望康熙把自己从这个考场名单里开除出去，这样的话，可以保留自己的人格。

但是康熙他不，他通通都取中，取中了以后怎么办呢？在北京紫禁城里面一个叫体仁阁的地方赐宴，由太子执壶，由他亲自轮桌劝酒，给他们一个一个倒酒。这形成一个什么样的格局呢？我们作文章要有文思，写诗要有诗思，这些人的文思和诗思，就被康熙破坏得干干净净了，骂不出来了。对于像顾炎武、黄宗羲、傅山这些仍然没有参加考试，坚决不做官的人，康熙给当地的省长写信，说这些人虽然不参加考试，但是我对他们是非常佩服的，你们不可以难为他们，你们要经常到他们那里去看一看，有没有什么困难。我曾经想过这是不是康熙虚伪的表现，但是后来我看资料，康熙是对中国汉族的文化，真正是五体投地的这种佩服，没有虚伪的成分。

到康熙五十六年的时候，康熙还给山西的巡抚，我们现在说的省长写了一封信，说你们这么长时间也没有跟我讲，傅山家里面现在情况怎样了？他家里面有没有什么困难啊？你们应该到那里看一看，去帮助一下。如果他家的子弟里面有可以出来做官的，用我们今天的说法就是给他一个公务员指标。这肯定就不是虚伪了，因为康熙这个时候已经不需要去巴结这些知识分子了。

所以说，康熙十八年，搞这个博学鸿儒科，已经解决了汉族知识分子对满族人不满的这种情绪。只要一个举措，一网打尽天下英雄。到了乾隆年间，又搞这个博学鸿儒科，就倒过来了。这下是二月河要去找我们的书记。许书记，你看能不能把我推荐上去参加这个考试，变成了这样的一种格局。

说康熙这一生的丰功伟业，之前，新疆、蒙古，还有西藏，通通都是不稳定的，他自己去西部作战。到了康熙晚年的时候，才制定了中国的第一张地图，叫作《皇舆全览图》。康熙鼎盛时期，中国的版图就达到了 1400 万平方公里。到了晚清时候，割让土地，割来割去，最后还是剩下这么 960 万平方公里。大致就是这样一个情况。

## 晚年九子夺嫡

康熙本人虽然有很多优秀的品质，但是他毕竟还是一个封建地主阶级的知识分子，或者说封建地主阶级的一个代表，所有封建地主阶级那些弱点、那些特质，康熙也都一一具备。到了康熙晚年，就发生了中国历史上交接班时期最为惨烈的一次夺权斗争。

我们读到《雍正皇帝》这个书，第一本就叫作《九王夺嫡》。"九王夺嫡"这个词，不是二月河自己在书斋里面想出来的，而是在纲鉴里面就有。明代人篡位用的是什么办法呢？他用的是"水落石出"的办法，因为有永乐皇帝和他的侄子建文皇帝这一场事情。为了防止夺位斗争，只把太子留在北京，剩下的儿子们通通分封到外地去，这样就不会有人在北京和太子争夺位置了，我把这个就称之为是水落石出的办法。

我们南阳那个地方封的是唐王；洛阳那个地方封的是福王；卫辉，

就是新乡那一带，封的是潞王；到了山东的青州，封的是衡王。这些王爷们分封到地方去了以后，不能够干预地方的政务。地方官也对他们实行两个原则，第一个是要尊敬，因为他们是贵族，是天潢贵胄；第二个，对他们负有监督的负责。你不能养军队，国家给你多少水，你吃多少水，分封给你的你不能够僭越。你盖房子、修门楼，不能够超越自己的地位。说你这个军阶，本来是上校，就不能够戴少将的牌子。王爷们也不能干政，但是这个待遇很高。

那他们干什么呢？就生孩子。除了生孩子就是生孩子。别的地方我不方便，我就查了一些南阳的《南阳府志》《南阳府志》里记载，封到南阳这个唐王名叫朱桱，是朱元璋的第 23 个儿子。他到南阳的时候就是他一个人，还有带了几个妻妾。到了明朝灭亡的时候，朱元璋的朱姓子孙是多少呢？没有准确的记载，封到中郎将以上的官员，就有三万余人。

满清人接受了这个教训，说我们不能用这个"水落石出"的办法，我们要用"水涨船高"的办法。康熙自己一生是有 36 个儿子，活下来的是 24 个。其余是怎么死的呢？多数就是出天花死的。这 24 个儿子他不往外封了，就留在中央政府，分工作，你管礼部，你管吏部，你管兵部，你管刑部，你去带兵，你去赈灾，你去修河。康熙这 24 个儿子身体都非常棒，工作能力强，又各自把持一部分权位，培养出来的实力也是极大的。我曾经作过一些分析，这 24 个儿子，其中 9 个年长一点的骨干力量，如果放在任何一个时代，想必都是强的，包括他最弱的太子，放到别的地方去也都是强。从秦始皇到宣统，每一代都出现夺权斗争，但清时期这样的强强相对，中国历史上最为惨烈的一次，就是这个"九王夺嫡"。兄弟之间死的死、亡的亡、散的散。

这是从康熙四十七年才开始公开化，接着就废除太子。康熙第一次废太子，六天六夜没有阖眼，睡不着觉。为什么呢？他对太子是有感情的，那感情是极为深刻的。

太子立于康熙十四年，当年正是吴三桂、耿精忠、尚可喜三藩之乱最为炽烈的时候。形势紧张到什么程度？康熙自己本人随身带着毒药，一旦形势不好，可以马上服毒自尽。这种困难的情况下，皇后赫舍里氏难产生下了太子。我们在《康熙大帝》第二卷里面，可以看到当时的那种情景。我说的是周培公吟诗。皇后死了以后就是不阖眼，这个谁说也没有办法，康熙就是没有一点办法。周培公说，我来写一首诗送给娘娘。"娘娘一貌玉无瑕，廿年风雨抛天涯。终前缘何难瞑目，恐教儿子着芦花。"为什么她死的时候就目难瞑呢？就是害怕她的儿子受委屈。正宫娘娘一听这个话，就眨了一下眼，康熙就封了胤礽当太子。他是在这种形势下封的太子。

但是康熙这个人，在位时间太长了。过了十年他不死，再过十年他还不死，又过十年他还很健康。那么太子确实也是等得太久了，他说过这样一句话，天下哪有当四十年太子的道理呢？这个话我相信。他在跟他的媳妇发牢骚的时候，可能是说过这种话。

但是康熙第一次废太子的时候，这个心情确实是极为矛盾、极为痛苦的。按照康熙的想法，就是我教训你一下，把你给废了，然后由群臣拥戴你，再选举你当太子，我再把你叫来训一顿，我们抱头哭一场，然后重新恢复你的太子位置。这历史当然没有记载，这是我今天给读者们，给朋友们在这里交流我当时读书的心得体会。

所以说康熙第一道圣旨就是说，你们从我这些儿子当中选中一位出来当太子，"公意是从"，我完全按照你们选举的结果来。但是他万万没想到，选出来这个票非常集中，都是八爷。康熙又是六天没说话。我们不知道江苏人怎么说，我们河南人说这六天不是痛苦，他是发呓症了，或者是发蒙了。他做梦也没有想到，这些文武百官选票这么集中，都选八爷。按他的想法，这个太子再差劲，毕竟他当了三十多年的太子，是你们老领导了，现在不让他当太子了，要你们重新选举，你们无论如何也要给他一些票的。没有想到这个票都集中到老八这边。

六天过后，康熙开始追查选举舞弊。

这么过了一年，到康熙四十八年的时候，又决定复立太子。大概是冬至这一天，康熙在畅春园立了一块牌子，在这个牌子上面写了九个字，"亭前垂柳，珍重待春风"，每个字都是九画。他头一天到那个地方点一点儿，走了，第二天到那个地方画一横，又走了。这九个字，一天一笔，一共是写了九九八十一天。到春暖花开之时，康熙召见太子。在这个当中，他们私底下还见了不少。召见太子，只是正式让太子穿上自己的太子制服，让他的兄弟们都来拜见这个太子。

他复立太子这样的举措，看起来是把太子又重新扶起来了，但是这里面，出现了一个很大的问题。就是在废太子之前，大家还都认为太子这个地位是不可动摇的，自己当太子是没有希望的。但把这个太子废了以后，再重新立起来，启动了儿子们取太子之位的野心。哈哈！原来你这个太子的位置也是可以变的，我也可能有希望当太子，启动了这么一个契机。这个具体的斗争过程没有条件详细讲了，总而言之，最后的胜利者是雍正。

**承先启后的雍正**

我们今天的人说雍正是篡位，"传位十四子"，他改为"传位于四子"。实际上这个话，雍正活着的时候，他自己都听到了，当时就有人列举雍正谋父、逼母、杀兄、屠弟、贪财、好杀、酗酒、好色、诛忠、任佞这十大罪状。但是我们现在已经发现了雍正即位诏书的原件，证明他不是篡位。

首先说这个文件的制度，是满、汉合璧，你就算改了汉文也改不了满文。第二个就是从文件的书写制度、格式来说，传位于四子，必须写成传位于皇四子，传位于十四子，必须写成传位于皇十四子。大家想一想，加上一个皇帝的"皇"字，这个就不好改了。我们今天已经找到了文件的原件，雍正就是堂堂正正继位的。

那么他为什么会成功？雍正是不是在他24个兄弟里面特别优秀、特别杰出、工作能力特别强呢？我认为他算是强，但是他还不能算是特别优秀的。

我在一所老年大学曾经跟老头、老太太们谈过这样一个感受。假如说你们诸位先生，有一笔非常丰厚的财产，要分配给自己的儿孙。假如说你这一群儿孙们，都在盘算老头、老太太什么时候死，我们怎样瓜分这一笔遗产。其中只有一个儿子他不，他到了你跟前来给你捶背，老爷子啊！你的健康就是我的幸福，每天晚上我一想到你的身体状态，我这个眼眨一下，就会睁得老大，就再也睡不着觉，我真是希望上苍赐你长生不老，让你永远健康，能够永远福庇我们。我说这种情况你把你的遗产给谁？这些老头、老太太一听，都笑了。不言而喻的事情，雍正就是采取这个办法。他不去夺位，你分配给我工作我就努力工作，我要为老爷子分忧。别的孩子在那个地方盘算他们身体健康怎么怎么的，我却劝你保重自己健康，这就是雍正成功的一个秘诀。

第二个原因，雍正能解决康熙所解决不了的政治问题。康熙这一生征战，三次亲征准噶尔，有时两天只吃一餐饭，几次从死人堆里面被他的部下背出来，把水让给他，剩那么一块干粮，都让给康熙。在这种战争过程当中，他和他这些部下形成了一个什么关系呢？形成一种既是上下级的君臣关系，同时还有一点战友的味道。这些人吃苦就是为了享福，那么等战争胜利了以后，工资不够，就到户部去借，借来借去就把国库都给借空了，剩下了七百万两银子。借钱容易，你找他去要账，他把衣服一撕，说，你看看，你看看！这个地方这一块剑伤，是我背皇上从那个地方跑出来的时候替皇上挨的，那时候你在哪里？这一刀本来是应该砍在皇上身上的，我给皇上挡了，这会儿你小子来找我要账，没门！这些人就去找康熙，回报说，你看我要不来账，怎么弄？康熙说，算了，这个人我知道。就变成了这样一种局面。康熙这个人，应该说作为一个政治家，心地是稍微偏软了一点。但作为一个政治家，他也很清醒，国库里面只有七百万两银子是不行的，他需要一个能够替他把这个账要回来的人。这需要一个铁脸。

第三个，雍正有一个好儿子，乾隆。那么康熙选中雍正，也知道雍正即位的时候，已经是四五十岁的人了，雍正接着又是乾隆，就可以确保清室江山三代的稳定，这可能是选中雍正的又一种思维。在中国历史上，你翻开《唐史》，再翻开《宋史》，因为有个好皇孙而选中皇子的，有的是，不光是雍正。

我们可以看到雍正这治绩，上台整顿这十三年，清理吏治、整顿财务，追逼亏空。建立摊丁入亩制度，建立火耗归公制度。雍正中期的时候，国库的银两就从七百万两增加到了五千万两，增加的这个银两，并不是来自老百姓，来自赋税，而是从腐败官员手里面追回来的。应该说雍正在吏治方面的成就对我们来说有很好的参考意义。

中国封建社会的吏治，大多数时间不好，最好的时期有三个，一个是武则天时期，一个是朱元璋时期，再一个就是雍正时期。

武则天时期采用的是告密制度。到了朱元璋时期，就采取酷刑制度。官员贪污不是直接杀，是要剥你的皮。各地的知府，贪污六十两银子以上，那就是剥皮。知府的衙门后面有一个亭子，就叫作"剥皮亭"，把贪污的知府"剥皮楦草"，把人皮完整剥下来，做成袋状，在里面填充稻草后悬挂示众。但是朱元璋死的时候，说了一句什么话，贪官污吏也是前仆后继，没有办法。他并没有解决问题。

到了雍正时期，就解决得相对比较好，他耳目比较灵通。我们读到晚清的资料，说康熙年间，如果一个省里面的巡抚，或是一个将军，想搞掉一个县令，不费吹灰之力。到雍正时期，"虽置之于死而不能矣"。以山东为例，山东巡抚告他下面的县令，说这个县令不合格，请求皇上下圣旨，罢免他的职务。前两次上奏折，雍正都没有理他，到了第三次，雍正勃然大怒，批示：某某某究竟与尔有何仇隙！必于置之死地而后快！不就是因为你母亲做寿时，他只给你送了一双鞋吗？现在你降三级，他升三级。

雍正这个人做事是很极端的。农民地种得好，他奖励这个人可以升到九品官。他提倡拾金不昧，这个拾金不昧，奖金不能超过本金吧？他给的超过本金。这就搞得全国到处都说"我也捡到了，我也捡到了"这种情况。

所以说雍正是一个极端的人，雍正是一个睚眦必报的人，雍正是一个恩怨分明的人，雍正是一个刻薄但是不寡恩的人，雍正是一个任劳不任怨的人。雍正还是一个勤政的人。我们在故宫和台湾"故宫"里面，看到雍正的朱批谕旨是一千多万字。二月河写书，十三年写了十三本书，写了五百万字，写出一身病来。雍正在位十三年，写了一千多万字的朱批谕旨。他还要接见大臣，他还要召集会议，他还要视察工作，还有各种各样的国务活动。所以说，雍正不可能是一个荒淫的人，因为泡妞也是要时间的。

他进行的这一系列经济改革，还有一系列政治上的整顿，给乾隆留下了一个相对丰厚的家底子，也给乾隆留下了一个相对清廉的干部队伍。所以乾隆皇帝所造的十全武功，应该说当中起到了承先启后作用的一个人，就是雍正。

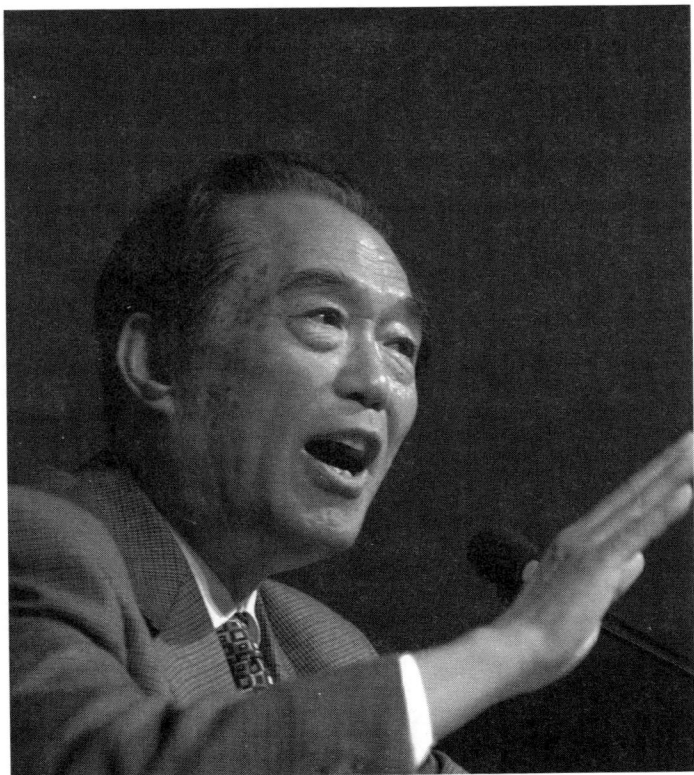

阎崇年

　　毕业于北京师范大学历史系，研究清史、满学，兼及北京史。曾为《百家讲坛》主讲"清十二帝疑案""明亡清兴六十年""康熙大帝"和"大故宫"等系列讲座，被誉为《百家讲坛》的"开坛元勋"。

# 崇焕精神，薪火永传

阎崇年

讲袁崇焕，我想起了一首诗，诗的名字叫《石灰吟》。大家可能都很熟悉，因为教科书里面有这首诗。这首诗四句话，"千锤万击出深山，烈火焚烧若等闲。粉身碎骨浑不怕，要留清白在人间。"

## 《石灰吟》体现的四重境界

《石灰吟》这首诗，过去一般的定论，说是明代著名的于谦所作。我在国家图书馆查了二十五种跟于谦的诗相关的书，千篇一律都说出自于谦的集子，但是于谦的集子里头没有这首诗，包括《四库全书》里面于谦的集子也没有。明朝成化年间的、嘉靖年间的，隆庆、万历年间的，以至崇祯年间的、康熙年间的集子，通通没有这首诗。后来我做了考证，考证结果：这首诗不是于谦所作。谁作的？我认为是于谦后来的一个普通下级官吏所作。

于谦是杭州人。杭州的一个知县，写了本书叫《于谦传》，里头有一段，讲于谦在山里头念书，念烦了出来散步，信步来到一个石灰厂，见到烧石灰，于是吟曰："千锤万击出深山，烈火焚烧若等闲。粉身碎骨浑不怕，要留清白在人间。"注意，这首诗是后来那个知县写于谦历史小说的时候，借于谦的嘴，说出了自己写的一首诗，后人就把它混到于谦的集子里头了。

我为什么对这首诗特别有兴趣，而且和袁崇焕相联系？其实我曾经下放过。下放劳动的时候作泥瓦匠，分配我到山里头去运石灰。我到山里头看，"千锤万击出深山"，把山上石头敲下来。又看到石灰窑烧石灰，"烈火焚烧若等闲"。然后泡了一池水把灰搁在里头，咕噜咕噜冒白泡，生石灰变成熟石灰。"粉身碎骨浑不怕"，变成灰膏，最后抹成白墙，"要留清白在人间"。

我就想这四句诗，不论是不是于谦所作，这四句诗非常精辟地概括了一个杰出人物人生的四种境界。第一种境界就是"千锤万击出深山"，我查了一下，几乎所有杰出英雄人物毫无一例外。第二种境界"烈火焚烧若等闲"，所有英雄豪杰、杰出英雄没有一个不经过烈火焚烧的。第三种境界"粉身碎骨浑不怕"，没有这种精神不可能成为伟大人物。最后，这些历史人物身后留下的是什么？"要留清白在人间"。

今天我就以袁崇焕作例子，来看看人生的这四种境界，和体现的袁崇焕精神。

## 千锤万击出深山

明朝万历十二年，公元 1584 年，袁崇焕诞生，诞生的地点一般认为是现在广东省东莞市石碣镇水南村。这个地方我去考查过多次，村子挨着东江，东江是珠江三角洲的一个支流。袁崇焕的祖父和父亲经商，沿着西江、北江到广西。在广西和广东交界的一个城市叫梧州，现在叫梧州市，过去叫梧州府，再往上走，沿着西江到了江边一个县叫藤县，然后在藤县买了房子定居。他祖父、父亲死了之后，坟墓就在这个地方。做什么生意呢？做木材和药材的生意。

袁崇焕小时候读书，在广东读过，也在广西读过，在广西考了举人，又到北京考进士。袁崇焕原来就在一个山区里头，藤县的这个地方我去考查过，山环水绕，很偏僻的一个小乡村。我查了一下，整个明朝276年，藤县这个县总共出了两个进士，其中一个就是袁崇焕。袁崇焕多次考试落第，再考试、再落第，经过种种磨难和考验，终于考中了进士。这个时候他已经三十五六岁了，可以说袁崇焕的前半生是"千锤万击出深山"。出了广西的深山，到了北京。

袁崇焕考中进士这一年，是万历四十七年，公元1619年。这一年不得了，有一件非常大的事情，就是萨尔浒大战。

努尔哈赤是1583年（万历十一年）起兵，25岁，第二年袁崇焕才出生，袁崇焕比努尔哈赤整整小26岁。明和后金（清的前身）之间的萨尔浒大战，明军由杨镐统帅，号称47万大军，兵分四路，经辽宁抚顺、新宾、永陵、赫图阿拉，围剿努尔哈赤所在的那个小山村。这个村子多大？全村只有一口井。在明朝看来，赫图阿拉这个村子像个蚂蚁洞，拿扫帚一扫就扫掉了，所谓"犁庭扫穴"。明朝本来想把赫图阿拉这个村子，像耕地一样给它犁了，结果这号称47万的四路大军，两双败北。这是明朝有史以来，非常大的一次失败战争，北京整个朝廷都被震动了。

这个时候袁崇焕在北京考中进士，所以袁崇焕的命运就和明清之间的战争联系上了。考中进士之后，给袁崇焕分配工作，让他做福建邵武知县。邵武这个地方也是比较偏僻的一个山区的县，袁崇焕在那做知县做些什么呢？第一平反冤假错案，第二招贤纳士。县里考试，知县要阅卷的。但他不看卷，他找了一些退役的老兵，了解辽东的地理形势。准备投笔从戎，就是弃文就武。

当时全国的知县、知府三年要到北京"朝进"一次，实际上就是考核。当了三年知县之后，袁崇焕就到北京考核，由布政使带队。相当于省长或者副省长带领他手下的知府、知县。初考在城外，考完了进城，进城以后复考。复考是由吏部，就是劳动人事部来进行。袁崇焕成绩不错，这个时候朝廷有个官员推荐他，说袁崇焕是英姿俊武，很了不起，破格推荐他提升。推荐他到兵部当个处长，六品主事，朝廷采纳了。

之后袁崇焕就到了山海关外，开始了他的事业，一直到崇祯三年（1630年）惨遭杀害，只活了46岁。袁崇焕的事迹我在这不多说，我重点说一下袁崇焕的精神。

## 崇焕精神：仁智勇廉

当代中国人缺钱，所以要引进外资。缺矿，要进口铁矿石。缺能源，所以要进口石油、天然气。缺好的环境，所以要搞绿色环境，要搞生态平衡等等。我个人认为，我们更缺的是精神。袁崇焕留下了光辉业绩，更留下了宝贵的精神。袁崇焕的精神是什么？我说就四个字，袁崇焕的精神就四个字：仁、智、勇、廉。有一次我在某高校作报告，觉得这四个字还不够，还得加四个字，就是：大仁、大智、大勇、大廉。有人不服气，说袁崇焕有那么高明吗？我想举一些例子和诸位讨论。

## 大仁：与城共存亡

第一，大仁。孔子说："仁者爱人。"大仁就是大爱。这一点，袁崇焕的精神和佛家的精神是相通的。怎么看出袁崇焕大仁、大爱？我讲一个故事。

袁崇焕走上辽东的时候，是明朝天启元年（1621年）。辽东地区当年的行政中心辽阳丢了，广宁（现在辽河以西）也丢了。后金（清）军队逼近山海关，要去打山海关的关门。明朝面临着生死存亡的问题。这个时候，明朝在北京的那些高官，把自己的家眷打发回江南，细软、金银财宝、名人字画等等也收拾了送回老家。这样一旦北京失陷了，家眷、金银财宝还能保住。

到了这个局面，谁也不愿意去做辽东的官，那不仅不是肥缺，而且还是危地。皇帝原本派了一个人到辽东去做辽东经略，可这么大的官他也不去，说自己有困难。皇帝又派了一个，还不去。这下皇帝火了。不去？削职为民。可是袁崇焕什么态度？申请去。

袁崇焕调任兵部主事之后，自己骑着马，出了北京去考察山海关内的山川形势。这时候他提出来要去，心里头装的不是个人。他有一首诗，诗里头有两句话："策仗只因图雪耻，横戈原不为封侯。"我袁崇焕横戈立马，不是为了封侯，是为了保卫江山和社稷。

袁崇焕到了辽东，到山海关外一看，满目荒凉，饥民塞路。他说不行，为黎民百姓着想，要把整个辽河以东、辽河以西收回来。他不但自己去了，还把他八十岁的老母亲、他的妻子都带到了前线那个孤城。别人把家眷都送南方，送回老家了，他把老母亲和妻子从广东、广西，接到前线。什么意思？与城共存亡。

## 大智："凭坚城，用大炮"

袁崇焕不仅是大仁，而且大智。我讲几个故事大家了解一下。

明朝的军队和后金的军队第一次交战在抚顺。明朝的军队守抚顺城，努尔哈赤攻打。怎么打？他的兵是骑兵，攻不下来，就射箭。石头和砖砌的城射箭也不怕。努尔哈赤用了一个办法，叫作里应外合。他们和明朝有马市，就是有集市贸易。他先放风，说我要赶集市贸易去，实际上把他的军队化装成普通的老百姓，把弓箭、刀枪装到牲口、货堆里头，就到了抚顺城跟明朝做贸易。贸易完了，就混到老百姓里头进了城。晚上城门关了，但到要攻城的时候，就里应外合，打开城门，把抚顺打下来了。

这明朝应该有经验教训了吧？没有。接着就是清河。努尔哈赤打清河，又都打下来了。第三打开原，第四打铁岭，又打下来了。抚顺、清河、开原、铁岭，明朝连丢了四个城。

第五个就是打沈阳。沈阳城墙非常高，很坚固，护城河很深、很宽，护城河外面还有栅栏。很简单嘛！努尔哈赤军队来了，把护城河那吊桥吊起来，城门关上，努尔哈赤的骑兵有办法吗？骑兵撞城墙撞不了，弓箭射在城墙上也不行。你靠近了，我滚木礌石，拿箭射你。耗上七天七夜，顶多十天十夜，努尔哈赤就得退兵。为什么？努尔哈赤的军队，不打仗的时候回家种地、放牧，打仗的时候集合起来，叫亦兵亦农。那些兵，弓箭自己预备，干粮自己预备，马、马鞍自己预备。带的干粮就是炒米、炒面，一般带十天的量。从各地把兵集合起来得一天，从赫图阿拉到抚顺还得一天，抚顺到沈阳半天，两天半。你打不赢不撤回去，还等两天吗？这不是去了五天了。在那围城顶多坚持五天。如果明朝就是死守，吊桥吊起来，城门关上，怎么喊、怎么骂也不出去，五天以后你就得撤兵。守城者，守住城为上；攻城者，攻下城为上。

明朝这个总兵很有意思，叫贺世贤。这位贺世贤倒是条汉子，他喝醉了酒，一听说后金军队来了，打开城门、放下吊桥，骑了马就冲出去了，同后金的骑兵去交锋。你哪打得过？你那马是豢养的，人家的马是野外放养的。贺世贤中了14箭，落马而死。后金再里应外合，就把沈阳城打下来了。这是第五仗。

第六仗就打这个辽阳。辽阳当年是明朝辽东的首府，这个时候辽东经略叫袁应泰。努尔哈赤的八旗军队去了以后，努尔哈赤诱敌出城，袁应泰上了当。两营对垒，在城外的平地上交锋。袁应泰，进士出身，和后金的贝勒在马上拼命厮杀，肯定不行，只好往城里退。退到城里看大势已去，就在城楼上冲着北京城皇宫的方向跪拜，完了以后就上吊自杀了。他的家人把城楼点把火烧了。努尔哈赤里应外合，辽阳城陷落了。

抚顺、清河、开原、铁岭、沈阳、辽阳，连丢了六座城。明朝的经略也好，巡抚也好，总兵也好，你该吸取点教训了吧？不。后金军队打第七座城，广宁，现在叫北镇市，别名北宁。明朝的办法还是一个，把军队都集中到广宁，吊桥拉起来，城门关上，耗上五天、七天，你不就退了吗？当时有一个著名的经略，叫熊廷弼。广宁在辽河以西，他以辽河为防守，设辽河防线。每十米左右站一个人，排一百里地。结果分散了兵力。武器又不行，有的人拿着矛，矛还没有矛头，就那么根棍子。可努尔哈赤不是七月份打你啊，他正月份打你，辽河全冻成冰了，等后金八个旗的骑兵放马过来，直接就冲过去了，明军全线崩溃，努尔哈赤就到了广宁。

广宁还是里应外合，努尔哈赤派的奸细把城门打开了，欢迎努尔哈赤进城。努尔哈赤不相信，哪有这好事，城没打，就开了门让我进，是不是诸葛亮的空城计？他不敢进。他派人查，查了说是开了城门，还是不敢进。再派他的儿子查，里头的确是空城，这才带军队进了城，就占了广宁城。接着明朝又丢了个义州。

明朝叫作一失抚顺、二失清河、三失开原、四失铁岭、五失沈阳、六失辽阳、七失广宁、八失义州，连丢了八座城池。不都是小城啊！像沈阳、辽阳都是大城。那有人就问了，这些明朝的官怎么回事？总兵怎么回事？将军怎么回事？大脑灌水了吗？

危难之中，袁崇焕去宁远守城。袁崇焕有什么大智呢？他的智慧，比当时的经略、巡抚（巡抚相当于现在的省长）、总兵等等都高明。大家有机会可以去一趟宁远，这个城现在还有，我去过多次。

努尔哈赤带军队来了，号称十三万大军。宁远城多少兵力？一万多人守城。有个词儿叫"坚壁清野"，就是城外的老百姓都进城，粮草等等都运到城里头，把城门一关。努尔哈赤来了，叫阵让投降，袁崇焕不投降。努尔哈赤攻城，骑兵攻不了。用箭射，还有一个护城河在那儿。袁崇焕用了西洋的 11 门大炮守城。这大炮是葡萄牙造的，通过澳门运到北京，又运到山海关，再运到宁远。后金骑兵往前冲，西洋大炮一炮下去，后金骑兵人仰马翻，死伤一片。努尔哈赤不服气，再冲，像蚂蚁一样往前冲。可越密集，那炮下的死伤越多。有一种说法，努尔哈赤自己也受伤了，被一个大红毡裹起来，后金人放声大哭，就撤兵了。

袁崇焕的大智说起来很复杂，概括起来很简单，叫作"凭坚城，用大炮"。后来守宁远和锦州，也用同样的办法守住了。这是明清交战史上明第一次取得胜利，叫作"宁远大捷"。北京城里朝廷上下举朝欢庆。八年以来没打过一个胜仗，这是第一个胜仗。所以我说袁崇焕的智慧叫作大智，他的智慧高于当时那些经略、巡抚、总兵、按察使等等。

## 大勇：独卧孤城

第三，大勇。成大事业者，必须有大勇的精神。当年玄奘西天取经，没有一个大勇的精神，能够战胜八十一难，取回真经、修成正果吗？当年鉴真和尚东渡七次，前六次失败，漂泊海上，没有一个大勇的精神，能够成就这番事业吗？

袁崇焕的勇，我举几个例子。

袁崇焕是南方人，身材瘦小，又是个读书人，考举人、考进士的，把他分配到关外——山海关以外，派他到前线四十里的地方去收编流民。他这个人是任务下来了就不过夜，夜里头就从山海关出发。路上都是荆棘、狼虫虎豹。天亮到了城里，守城的官兵没有一个不惊讶的，说你怎么这么大胆，一个人走夜路！你看到他的胆量。

再举一个例子。当时明朝的山海关经略叫王在晋，是兵部尚书兼辽东经略。王在晋要守山海关，他打算在山海关八里（也就是四公里）外再修一座城，拿这座城来守卫山海关。六品小官袁崇焕说不行，敌人要打到八里外的城的话，你山海关也守不住，我的意见在山海关以外二百四十里，大约二百里地的宁远，就现在的辽宁兴城，修座城来守卫山海关。这个地方守住了，山海关就守住了。宁远很有意思，这边是海，那边是山，山和海之间就一个通道，这个通道多少我带尺量了一下，就一百米。那边是海，骑兵没法过，这边是山，骑兵也没办法，必须通过中间的一百米，这是从沈阳到山海关的一个咽喉通道。按说这意见比较合理，袁崇焕跟王在晋谈，王在晋说不行。袁

扬州讲坛

崇焕再谈，还不行，还谈，还不行。

袁崇焕想了一招，直接写了封信给当朝宰相叶向高。没有回答，是没递上去还是其他原因，这不知道。袁崇焕又写了第二封信，叶向高看到了。叶向高还算不错，看完以后拿不准主意，把信交给了孙承宗。孙承宗当时是大学士、兵部尚书，又是天启皇帝的老师。孙承宗看了，说我到前线视察一下，然后再决定。叶向高很高兴，孙承宗去当然最好。孙承宗就跟皇帝请了假，不能给皇帝上课了，骑了马去到山海关，找王在晋谈。王在晋说他的理由，又找袁崇焕谈，袁崇焕说他的理由。孙承宗说我看一看吧，就带着袁崇焕骑了马沿途考察。考察到兴城这儿，孙承宗一看，可以在这里修城，如果在山海关外八里地修一座城要花六十万两银子，那没用。回来就找王在晋谈。王在晋不同意。孙承宗不愧是当老师的，和王在晋"推心告语，凡七昼夜"，谈了七天七夜，可王在晋就是不同意。王在晋就没想一想孙承宗是兵部尚书，还是皇帝的老师、大学士。

孙承宗回北京就跟叶向高说了，叶向高同意孙承宗的意见。孙承宗就在给天启皇帝上课，课间休息的时候就把事儿说了。说王在晋不能重用，不能在山海关八里外的地方修城。天启皇帝同意了，说把王在晋撤了，可谁去当这个辽东经略？孙承宗说，我去。皇帝说好，你去吧。兵部尚书兼辽东经略孙承宗一到了山海关，就任命袁崇焕修宁远城。

所以我说袁崇焕勇敢。一个公务员，敢冒犯上司，越级把信写到宰相那儿，没一点胆量行吗？如果袁崇焕考虑自己的工资、地位、职务，肯定做不了这事，这个时候肯定是以国为重、以民为重。后来孙承宗得罪了太监魏忠贤，官就不做了，朝廷又派了一个新的辽东经略去了，这个人是阉党，叫高第。

阉党到了山海关以后，下的令就一个字，撤！从锦州、大凌河、小凌河、杏山、塔山、连山撤，军队、老百姓、粮草全撤，一直撤到山海关。大约一百万兵民，冬天呀！背井离乡，扶老携幼，哭声震野，沿途往山海关撤。袁崇焕在离山海关二百里的宁远城，让他撤，袁崇焕说不撤，我在这儿做官，要与城共存亡。上级说别人都撤了，你不撤。他说，如果别人都撤了就剩我一个人，我就"独卧孤城，以当虏耳"，一个人躺在孤城的路上，阻挡努尔哈赤军队前进。高第还算开明一点，没有杀他，说你不撤你就在那儿，其他人都撤。袁崇焕又说服了大约一万兵民守宁远城。果然努尔哈赤打过来了，打他的孤城，没有人援助，他却把努尔哈赤打败了。没有点勇敢精神，行吗？

　　后来皇太极军队打到北京，袁崇焕率领九千骑兵，从山海关到北京，七百华里急行军，骑马经过三昼夜到了北京广渠门外。那时候是冬天，一万军队没地儿住，露宿城外，没有吃的，袁崇焕饿着告诫士兵，任何人不许砍树取暖，不许抢老百姓家粮食。袁崇焕的军队就在这样困难的情况下同皇太极的军队打仗。皇太极骑兵可以抢周围村庄，抢粮食，抢牛羊杀了吃肉，也可砍树取暖。袁崇焕是个南方人，又瘦小，又是进士出身，他的军队骑了马同皇太极的军队拼杀。史书记载说，袁崇焕盔甲上中的箭像刺猬皮一样，受了伤以后，他把战袍撕了，裹起来继续披上。皇太极的军队眼看一刀就砍到袁崇焕的头上，幸好他的副官用刀这么一隔，把刀隔断了，救了袁崇焕一命。经过十个小时拼杀，把皇太极的军队打败了，北京守住了。皇太极军队退了之后，袁崇焕第一件事情，就是到一个个营房慰问受伤士兵。当时明朝这么勇敢的官员为数不多，所以我说袁崇焕这个勇是大勇。

## 大廉：分文不取，家无余资

第四，还有廉，廉洁。袁崇焕在福建邵武做知县，离任的时候，当地《邵武府志》记载袁崇焕用了四个字：分文不取。

后来袁崇焕到山海关外，他父亲死了，他就请假回家给他父亲发丧。没钱，没有路费，朋友、同僚、长官大家给他凑回家的盘缠。他一直在外面做官，还管钱粮，但连回家的路费都没有。

后来官做到蓟辽督师。蓟辽督师这官多大？全称是"蓟辽登莱天津事务"，就是管河北的蓟县，辽东，山东的登州、莱州，还有天津。合起来，大约十五万左右军队，还有经手的马匹钱粮、白银以百万计。这么大的官，还是战争环境，不是和平环境。死了以后抄家，四个字：家无余资。

明朝官员可不是都这么清廉啊！如果都这么清廉，袁崇焕也没什么可以表彰的，但当时明朝的官员贪污腐败成风。

举一个例子，吏部尚书、知府、巡抚、布政使，就是省级的、地区级的、县级的卖官，这也不在话下了。有个吏部尚书，管干部的，卖官，而且还有指标，一天至少卖一万两银子，这个吏部尚书姓周，大家给他取了个外号，叫"周日万"。明朝《崇祯实录》记载了崇祯皇帝在朝廷会议上批评他，可见这事儿是真的。吏部尚书卖官，买官的人没钱怎么办？有票。当时北京有一种生意类似票号，开个票，相当于借据。就是借债来买官，完了买官的人当官后，又搜刮民脂民膏，再还买官的钱。买官的钱他还上了，自己还得有赚头，买房子、买地，再升官发财。吏部尚书亲自卖官，可见崇祯朝的吏治腐败到了何种地步。

我刚才讲了袁崇焕打仗很勇敢，如果当时的官员要是都像袁崇焕，那这么勇敢也就不足为奇了。明朝的一个兵部尚书，到前线同多尔衮的军队打仗。清军掳掠了大量的财物，人口、牛羊等战利品，排队二百里到三百里，这个时候最好打，从中间一打，清军就乱了，还可以把老百姓救出来。清军往前走一里地，他带领明军在后面跟一里地。注意，不是追一里地，是跟一里地。老保持一定距离，不接触。清军再走一里地，他又再跟一里地。清军走累了，不走了，今天停了，他今天也停了，也不走。清军到了长城，那里有个口子，就过长城了，他也到长城了，但是不过。多尔衮的哥哥叫阿济格，知道他们不追过长城，他就把路边树的树皮给刮掉，在树干上写了四个字，给明朝的总兵、官员看。哪四个字呢？诸官免送。你不要送我了，到这儿就可以了。这总兵回去怎么交账？你每天都奏报，说每日追击，追击得有战利品。战利品你拿什么呢，首级吗？明朝、清朝作战的时候，首级不是割头，是割耳朵，割一个耳朵算一级。他就去割那有病的、死在路上的人，割一个耳朵算一级，不够数，还把老百姓的耳朵也割下来充数，回去报功，说我割了多少多少级。这种精神和袁崇焕的英勇杀敌比较一下，就可以看出袁崇焕的大勇、大仁。

所以我说袁崇焕在明末官场贿赂成风、普遍贪污的情况下，能够大仁、大智、大勇、大廉，以国为重、以民为重、以江山社稷为重，实在难得。这四个字，仁、智、勇、廉，我们再概括一下，就是孟子说那个浩然之气，就是文天祥《正气歌》中写的那个正气。腐败官场当中，唯独袁崇焕表现出那种正气。像袁崇焕这样的官，在明朝如果有十个、二十个、一百个，努尔哈赤、多尔衮的军队就打不到山海关一带，明朝也不会灭亡。但是明朝末年，像袁崇焕这样的人太少。不但少，而且还给杀了。

## 崇焕之死

袁崇焕在北京同皇太极军队打仗的时候，就不被准许进城。北京内城九个门，外城七个门，全关着。崇祯皇帝要见袁崇焕，袁崇焕手下的将领说，不能去，有阴谋。袁崇焕就是要去，为什么呢？崇祯皇帝说要给发军饷。人没有吃的，马没有草料，军队又没有武器，所以我要去。

他怎么进城？这个时候已经没有皇太极，都是明朝自己军队在守城，城上一批，城外一批。里面的人从城上头用一个绳，拴一个筐子，顺到城下。袁崇焕就坐在这筐里头，拿绳把他吊到城墙上。

堂堂大明朝的兵部尚书、蓟辽督师，军衔有多大？国防大学的一位先生跟我说，差不多相当于上将。你看看，国防部长兼沈阳军区司令，还有北京军区司令，一部分天津警备区司令，还有山东一部分，合在一起这么大的官，受崇祯皇帝召见进北京城，坐了个筐，拿绳给提到城上，完了再进紫禁城。

进了紫禁城的平台，平台不是像小说、电视剧说的，又是一池清水，有个楼阁，还有花园，这些都没有。大家去过故宫，你们可以看一看太和殿、中和殿、保和殿这三大殿。皇帝就在保和殿后头那个小夹套里头接见袁崇焕，就是一个小过道门。袁崇焕一进去，崇祯就黑着脸，第一句话是什么呢？说将袁崇焕拿下。锦衣卫那些人就一拥而上，扒下袁崇焕官袍，他就被逮捕了。逮捕以后就押到锦衣卫监狱，就是那个特务监狱。

这事儿都说是皇太极用了个反间计，满文的档案也记载了这个事情。皇太极往城里打，有人认为是范文程给皇太极进了一计，就是《三国演义》的"蒋干盗书"。皇太极在打到北京的时候，在南郊抓了几个太监，把他们关起来。隔壁屋是俩清朝的官员，中间是很薄的一个泥巴墙。一个说，"咱们俩小点声说"，其实声音很大、很大，故意让对方听到，"今天上午打仗的时候，看到皇太极和袁崇焕在一块说话。他们俩有个密约，就是袁崇焕把皇太极的军队引到北京城下，然后里应外合，把北京城打下来。"另一个说："你千万千万别说，这绝对机密，不能让任何人听见，也不能让任何人知道。"他俩故意让那几个装睡的太监听见，第二天就把那几个太监放了。太监回到皇宫，就向崇祯皇帝报告了这件事。崇祯皇帝一听就相信了，以议军饷为名，把袁崇焕调到紫禁城平台逮捕下狱，这是崇祯二年十二月初一。杀袁崇焕是第二年八月十六。

清顺治的时候，南明也使过反间计。反间计给的是谁？给这个顺治。说洪承畴跟他们有密约，要里应外合把北京城拿下来。顺治皇帝开始是不相信，说这是反间计，不相信，而且还把这给了洪承畴看，但最后还是要杀。不但是要杀，而且处以凌迟之刑，就是千刀万剐。

什么叫千刀万剐？我见过一个图像，卖肉那样一个三角形的架子，三个竿子把人吊起来，胳膊四肢都露出来，拿了刀，一片一片像鱼鳞那么片，就是不动核心部分。有的记载，最多片到三千六百刀，我想这也是个概数。晚清民初，有个澳大利亚人叫莫理循，他是一个新闻记者和外交官，在北京。那时候我们中国人一般还没照相机，他有照相机。犯人被凌迟的时候，他到现场去看，就把那情景拍了照片。一次我在澳大利亚驻华大使馆向外交官们作报告，就讲清朝历史。大使夫人请我吃饭，说她跟大使要送我一个礼物，就是莫理循的照片集。我一面吃饭一面翻，其中有两幅就是在北京凌迟处死、千刀万剐的照片，鲜血淋漓。袁崇焕就是受了这样的刑。

袁崇焕这一生，"千锤万击出深山"，由广西的山沟里头到北京成了进士；"烈火焚烧若等闲"，一次一次经历战火的考验；"粉身碎骨浑不怕"，有在所不惜这样的一个决心、勇气和气质；"要留清白在人间"，为人民、为国家、为社稷，甚至为宗教做出了贡献，以一个粉身碎骨的结果留下清白在人间。

　　所有的大师、所有的英雄、所有的豪杰，可能很多人的生命历程都经历过这四种境界。我想，每一个中国人、每一个在海外的华人，都应当为国家、为民族、为人民、为江山、为社稷、为群体，弘扬袁崇焕仁、智、勇、廉的浩然正气和爱国精神，而且这种精神要像薪火一样，千秋万代往下传。这一点和史可法是相同的。我参观史可法纪念馆，写了八个字，"可法精神，万世光华"。同样，崇焕精神，薪火永传。

毛佩琦

中国人民大学历史系教授、博士生导师，北京大学明清研究中心研究员，中国明史学会副会长，北京郑和下西洋研究会副理事长。《百家讲坛》"明十七帝疑案"等系列主讲学者。

# 大明开国第一谋臣刘伯温

毛佩琦

刘伯温这个人家喻户晓。他叫刘基，一般被称作"青田刘基"，因为他是浙江省青田县人。可是现在他的家乡不在青田县了，在浙江省文成县。文成县是新成立的一个县，大概在 20 世纪 40 年代末，为了加强对这个三不管地带的控制，把附近几个县划成了一个新的县。"文成"二字就来自于刘伯温的谥号，这是很高的评价。

## 传说中的神人刘伯温

刘基这个人很神。很多地方都有刘基庙，很多地方都有关于刘基的传说，说他上知五百年，下知五百载，能掐会算，知道天文知道地理。

关于他的传说非常多，举一个例子。说抗日战争时期，当时日本侵略军非常猖狂，一下子打下了北方，后来占领了南京，往广东、武汉推进，就是唯独上海这一带还没有被日本控制。这时候上海的《申报》登了一篇消息，说浙东地区在修桥梁的时候，在桥下面发现了一块石碑，这块石碑上写了几个字，回天碑，下面是"起七七，终七七，冀、宁、粤、汉，暗无天日，引胡深入，一举歼灭，吴越英杰，努力努力。"落款"刘基题"。当时是 1937 年的年底，南京陷落，刘基是什么时候的人？明朝的人。那时候距离刘基死已经五百多年了，五百多年前的刘基怎么会写了这样一个石碑？这个石碑不是跟当时的情况很吻合吗？他怎么知道日本人要侵略我们国家？他怎么知道要"引胡深入"？还号召"吴越英杰"努力把它一举歼灭呢？五百多年前写了这样的话，说明刘基是一个神人。

再往前看，刘基还有很多的传说。清朝入关初年，在江南地区大肆杀戮。有一个亲王带领清军打到江南以后还师，从南方往北方走，走到了刘基的故乡青田县，说刘基既然是个神人，那么他的坟墓必然要留意，就把他的坟墓挖开，看看有什么神秘。一挖不要紧，发现一个石碑，这个石碑上写了句话，"顺治三年春，如何开我坟"，就是说刚刚建立的清朝，入关不久，你怎么能够开我的坟呢？他已经预测到这一年清朝的军队要挖开他的坟。而且碑的背面写了几句话，把这个亲王吓坏了，说"贝勒贝勒，天下无敌。生于北方，死在浙直。"结果贝勒回去以后吓得一身病，一命呜呼了。

刘基被传说成一个神秘人物，他最为大家所津津乐道的，有《烧饼歌》，有《推背图》，有《尸衣经》。这些东西，有的是他本人写的，有的是他注解以前的书。那刘基到底是什么人？历史上的刘基和传说中的刘基是一样的人吗？好，我们可以考察一下刘基究竟是怎么样一个人。

有人说为什么刘基聪明？因为他得过一部天书。一次刘基在山中独坐，突然发现墙壁上有四个字，"山为基开"，这座山为刘基而开。他走上前去，山突然打开一道石门，继续走进去，又一道石门打开，只见一个道士横卧在石床上，指着一本书。刘基上前一看，是一部兵书。道士一翻身，问，什么人进来？你对这部书有兴趣吗？如果你明天能够把这个书的内容背诵下来，我就把我掌握的全部术数、全部本领传授给你。刘基记忆力惊人啊，这部书第二天就倒背如流，所以他就得到这个道士的真传，成为神人。这是民间的传说，那么真实的刘基是什么样的？

## 入仕与归隐

刚才说了，刘基的家乡就在现在的文成，在元朝和明朝叫作青田。刘基出生在一个书香官宦世家，他家祖上从宋朝到元朝都是读书人，刘基的父亲这一支，刘家，是官宦之家，他的母亲姓富。大家知道，北宋有一个著名的宰相叫富弼，这个人和范仲淹大概是同时期前后的人，刘基母亲的娘家就是这个姓氏。所以刘基的父亲和母亲这两个家族当时是门当户对，他就是在这样一个名门望族中成长起来的。

刘基小时候是一个非常聪明的孩子，他在石门山那里读书。他读书"七行俱下"，五经俱通，后来精通天文、术数之学。不仅懂得儒家学说的五经，而且还懂得天文、数学，这就跟我们刚才所讲的，他能掐会算，懂得天文就有关系了。中国在古代有一个学问就是天文学，我们现在看汉朝的古书都有一个"术者列传"。中国人相信什么呢？中国人大部分时间内是无神论，但是他相信天命，所以相信阴阳五行，相信天象的变化，这也叫术数、象之学。相纬之学是观察天象，推断人间事。天上有二十八宿，它们是和日月相反的月相，还有金、木、水、火、土五行，一个左旋一个右旋，这样就构成了一个经、一个纬，成为相纬之学。刘基懂得这个相纬。所以刘基在小的时候不仅懂得五经这样的儒家经典，而且懂得相纬之学。

但是，一个人在我们君主制社会里，如果想要为天下百姓做一点事的话，不能说我要去做事，而必须依附于某一位皇帝或者政客。中国的儒家学说讲究"修身、齐家、治国、平天下"，说"穷则独善其身，达则兼济天下"，我如果没有机会为大家服务的话，就搞好自身的修养，如果我有机会的话，我发达了，有一定的位置了，就要给天下人做好事，这叫"达则兼济天下"。

那么如何做到"达"？古代社会要走上仕途怎么走呢？参加科举考试。元朝曾经在一段时间内废除了科举，但是后来又恢复了。为什么？统治者发现科举考试实在是一个非常好的制度，可以把天下的人才笼络起来，可以改变社会风气。

科举不仅仅对统治者有利，实际上科举应该是中国四大发明之外的第五大发明。虽然它不是科技，但是它影响着人类，非常重要。考试代表着平等竞争。以前在没有科举之前，做官凭家庭背景、凭血统，包括欧洲的中世纪也是这样。但是中国人发明了科举考试，"朝为田舍郎"，只要我分数够了，就跟大家平起平坐。你看我们现在还要考试，除了有高等学校考试，还有公务员考试，全世界都在考试，跟谁学的？跟中国人学的。这不是我自己在这里说，很多欧洲的学者他们讲，他们的启蒙，他们的文官制度是受到中国人的启发和影响。所以元朝后来就恢复了科举考试制度，刘基就参加了科举考试。

当时正逢科举之年，刘基他不够年龄。按规定25岁可以参加科举考试，他才21，就虚报年龄报考，一举中了举人，再举中了进士。一个青年人，在广大士子当中脱颖而出，有了参与政治、实现自己理想的机会，要做什么？孔夫子有教导，知识分子要"以道侍君"。知识分子自己不会去做皇帝，他只做两件事情，一件就叫作帝师，皇帝的老师，一件就是要做王佐，就是皇帝的帮手，左膀右臂。

怎么样做帝师？怎么样做王佐？就是以道事君，拿道来辅佐皇帝，帮助皇帝做事。孔夫子又说了，"道不行，乘桴浮于海"，如果我所主张的真理在你的统治下不能施行的话，那我不跟你做，我要乘船去海上漂流。这是中国知识分子的骨气，他希望用自己所掌握的学术去改变皇帝，改变社会，如果他的理论不能实行的话，那我不跟你合作。我觉得，在刘伯温身上就有这样的一种骨气。

刘基考中进士以后，被任命为官员。他当了一个什么官呢？他最初仅仅做了一个比七品官还小的官，高安县丞。他一上任就遇到了一个人命案。经过他的审理，发现这个案子是一个冤案。你想刘基这个人饱读诗书，追求真理，发现冤案肯定要纠正，这要纠正的话肯定要涉及两方面人。为什么是冤案？肯定是前任官员错误判案。他为什么有错误？是他主观错误还是受到世家大族的影响，故意做成冤案？如果刘基要纠正这个冤案，要得罪两批人，一个要得罪前任官员，一个要得罪事主背后的支持者。刘基坚持主张要给这个案子翻案，但是后来遭到攻击，在官场上碰了钉子。刚才我们讲了，"道不行，乘桴浮于海"，我想要主持正义，我想要平反冤案，你们不让我翻，我这个官要跟你们一起做坏事吗？我如果继续在这里的话，等于跟你们在一起做坏事，我不能够，我辞职不干。刘基就是这样先后四次辞职。

他辞职以后并不消沉。你想，第一次做官跟官场不合，辞职，之后第二次，第三次，第四次，四次辞官，一心想给朝廷做事，但是每一次都跟朝廷不合，这样的人少见。回到乡里以后，他做了什么呢？著书立说，最著名的一本书叫作《郁离子》。有人说"郁离子"是什么意思？"郁"是活，"离"是兴旺繁荣之象。如果望文生义要从字面上来解释这个《郁离子》的话，也可以解释得通，社会很黑暗，不郁闷吗？心情很压抑，不郁闷吗？我放弃了官场，离开官场，跟你们脱离。那么《郁离子》是一本什么书呢？这本书很有意思，它是一本寓言故事集。我们都知道，中国古代哲人在讲述道理的时候，常常用故事来表达自己的理念，比如说庄子，包括孟子，在书里都有很多故事。《郁离子》是继先贤子书之后非常重要的一本子书。

刘基这本寓言故事集讲的内容是什么？第一，是儒家治天下之道。他的学生曾经评价这本书是给社会开的一个良方。社会病了，国家有病了，要怎么治理？《郁离子》开一副药方，帮助你治理：要在国家推行仁政，要选拔人才，要廉洁，要爱民。

我举《郁离子》里面两个小故事。有一篇讲的工之侨，这是个人名，他是什么人呢？是一位会做乐器的工匠。有一次，他得到了一块很好的桐木板，他就把这个桐木板经过仔细加工制作了一张琴。大家知道，要好的木材、精细加工制作出来的琴，弹出来才好听。他做出来的琴弹出的声音真是行云流水，听起来三月不知肉味，真是一把好琴。

他觉得这把好琴应该交给有关部门让它发挥作用，于是就找到了朝廷的音乐机构，说我精心制作了一把好琴，这把好琴非常难得，因为木料难得，我又加了很多的工夫、心血在琴上。可是国家音乐机关的负责人拿到琴一看，试也不试，说这个东西，不是古物，是你自己做的，就放在一边，不予理睬。工之侨觉得自己有奇货不能够被别人赏识，就把这张琴带回家了。

他请了一个油匠，在上面刷油漆，同时做出断纹，就是好像这个琴很古老，上面有很多裂痕，又请写古文字的人在上面写字，然后埋在土里面，一年之后挖出来。他抱着这部琴走到了市上，等待别人来购买。这个时候来了一批贵公子，就像我们现在到古玩市场捡漏一样，这些公子一看，这张琴是古琴啊，不惜重金买走了，买走以后送给国家音乐机关，说我在市场上得到一把古琴，献给你们。这些音乐机关的负责人拿着这张琴互相传阅，说这是宝贝啊。工之侨知道消息以后，感叹说，这就是我们的社会啊，你看，我们怀才，想为国家效力没有人赏识。社会很黑暗，国家要想振兴，要用人才啊。刘基用这个寓言表达了自己对于当时政权和社会的批评。

还有一个故事，设计了两种植物的对话，一种植物叫梓，一种植物叫棘。这个梓是高大的乔木，棘是矮小的灌木，有一次梓和棘遇到了，两者互相对话。梓跟棘说，你看我多棒，高高壮壮很风光，你看你长得歪七扭八的，谁也不愿意理你。这个棘听到梓说这话，说，你认为你就很好吗？不一定，我认为我很好。你看，我因为长得丑，别人不理我，因为有刺，别人不敢碰我。我这里虽然没有高大的树荫，也没有百鸟来，但是我很快活啊。你长得这么大，但是现在没人再用你去修大厦，拿你干什么用呢？将来跟黄肠差不多，躺在坟墓里跟着腐尸一起腐烂吧。什么叫黄肠？我们这些年发现一些汉墓，这些坟墓里有一些棺，为了防腐，在外面有摆了一些很短的木头，这种汉朝的埋藏方式叫"黄肠题凑"。棘跟梓说，你将来就会被裁成一小段一小段和那些尸体摆在一起，虽然你长得这么高大，但是没有人用你。

刘基在《郁离子》当中表达了对社会的批评，同时，他也表达出了自己身怀满腹经纶想贡献给社会、为社会做一点事情的心境。

## 机遇与出山

元朝末年，社会黑暗，天下已经开始大乱了。这个时候，群雄并起，既有张士诚，又有陈友谅，还有大家都知道的朱元璋。

朱元璋，出身于濠州一个赤贫的家庭，因为家里非常穷，没有饭吃，跑到寺庙里求一碗饭吃，最后寺庙里也没有吃的了，他就托着锅子到外面乞讨，最后得了天下大势。他提出要建立一个光明世界的理想，用明教来号召大众。他说我们相信明教，明教一来，明王出世，天下太平，老百姓过上幸福生活。因此白莲教、明教广泛流传，红巾军趁势而起，他投入了红巾军，得到了天下。

刘基回到家乡，他还想要做事，他能自己去找朱元璋吗？不能。那他怎么样和朱元璋见的面呢？有一种传说，说有一次，刘伯温和几位朋友在西湖乘船饮酒，发现天上东南边有一片彩云，大家说这是庆云，我们可以以此赋诗，只有刘伯温不语。他为什么不说话？刘伯温说，那是天子之气，那是王气所在，十年之后，我当辅之。刘伯温说到这里，举座的人都很害怕，刘伯温你这不是反了？元朝的天下，你还说王者之气，于是大家全都散了。当然这只是传说。明朝有一个叫王世贞的，他在《史乘考误》当中说，这个传说是不可信的。因为刘基刘伯温当时在杭州西湖上聚会的时候，还是元朝的官，而且他后来还又继续做了元朝的官，元朝当时还没有出现必定灭亡的迹象，这种传说是不可靠的。那刘伯温究竟是怎么样跟朱元璋相遇的呢？

这里面有一个具体的过程。刘伯温家乡是浙东，朱元璋先打下了南京，然后他的势力向浙东发展。攻破了婺州以后，开始要寻访当地的名士。

朱元璋是一个粗人出身，他本人很重视读书人，第一个来到他身边的读书人是谁啊？李善长。李善长是安徽定远人，比朱元璋大十九岁，在当地号称叫"里中长者"。这个"长者"不仅仅是年龄大，是智慧高、有威望才能称"长者"。李善长曾经跟朱元璋说，你家乡在濠州，濠州离沛县不远，沛县是汉高祖刘邦的老家，沛县能产生皇帝，你的这个濠州也会受到影响。原话说，"公濠产，距沛不远。山川王气，公当受之。法其所为，天下不足定也。"所以你可以成大事。但重要的一条是什么？你不要杀人，不要以抢夺财产、夺取女人、夺取财富为目的，如果这样是成就不了大事的。朱元璋喜欢接近知识分子，他听了很多知识分子的劝告，逐渐把自己从这个农民起义的山大王变成一个领袖，变成一个有天下大治的人，把自己培养成一个未来可以掌管天下的这样一个人。

所以他到了浙东以后要找贤才。当时浙东有什么人呢？号称有四学士。刘基、宋濂、叶琛、章溢。在朱元璋攻破了婺州以后，他得到了一个人，宋濂。朱元璋在婺州这个地方建立了学校，请宋濂做了五经师，教四书五经。朱元璋很重视教育，他每到一个地方就要建立学校，他请的老师是宋濂。

我们为什么要提宋濂？宋濂是刘伯温的朋友。年轻的时候他们一起读书，一起学道，宋濂辞官，刘基也辞官，现在宋濂已经到了朱元璋的队伍当中，刘基怎么办？主动去吗？知识分子讲究节气，从一而终。虽然元朝这个皇帝不好，我也不能轻易背叛他。朱元璋了解知识分子，说你们要是去请刘基，他不会轻易出山，我知道知识分子很重视节气，一定要有相当的理由，才能够动员他出山。

这时候，谁担当了这个任务？有一个著名的将领叫作胡大海，他是一个粗人，只会打仗，但是他喜欢接近名士。胡大海的部下里有一个叫作孙炎的人自告奋勇说，我去聘请刘基。孙炎也是一个满腹经纶的人，坐到一起时他就滔滔不绝，古今中外就听他一个人说，做诗"百纸立尽"，会写文章，善辩。他自告奋勇，要去请刘伯温，没有问题。结果在刘伯温那里碰了一个软钉子，刘伯温拒绝出山。

你想想，刘伯温饱读诗书，四书五经讲究节义，讲究忠诚。朱元璋是什么人？农民起义，一帮土包子拉起一帮人马，到处打，占领城池，破坏力还不小。我作为一个知识分子，天下名士，我能够跟你同流合污吗？

但是，孙炎不气馁，坚持不懈，继续聘请刘基。他聘请刘基的心非常诚恳，最后感动了刘基。刘基说，我确实不能跟你一起出山，但是你的一份心，确实也感动了我，我就把我家祖传的一把宝剑送给你，只当我们的个人交情，但是我还是不出山。孙炎写了一封长信，把宝剑退还给刘基，而且写了一首诗，这首诗写得非常漂亮。他说了一句话：宝剑赠天子，斩未顺命者。我不能用你的宝剑，宝剑应该你送给未来的天子，天子有权用这个宝剑斩那些不听命令者，我的地位不够，把宝剑退还给你。这句话一语双关。第一，表示他没有权力也没有意愿接受这个宝剑；第二，宝剑能够斩不顺命的人，现在朱元璋也有一定的势力，有可能会斩你。孙炎这个人会说啊，他知道知识分子和政权的关系，他的这封长信把刘基打动了，刘基这时候就来拜访孙炎。

刚才我们说过了，宋濂是刘基的好朋友，刘基死了以后宋濂给刘基写过一篇传记，这个传记当中写了这么一段话，说刘基当时去见孙炎，叫"逡巡而去"，什么意思？就是想去又不能去，犹豫不决，还是去了。他还在对朱元璋进行试探，我看看你到底是怎么回事。所以逡巡而去，见了孙炎。没有想到孙炎一番话，滔滔不绝，上下古今讲起来头头是道。刘基发了一通感慨，原来我以为你不如我，现在看来我不如你，你是懂得古今历史、懂得治天下之道的人。你这样的能人，还有像我的朋友宋濂这样的人，都投奔了朱元璋，那么他肯定有过人之处，他肯定有前途，他是可以投奔的。于是，刘基下定了决心，出山跟随朱元璋。

刘基走的时候，身边的人劝说他，说你这一去，前途未卜，究竟是什么情况还不知道，见了朱元璋，他怎么待你？你不如带几个人去。元朝末年天下大乱的时候，兵荒马乱，土匪强盗危害地方，所以很多地方，有势力有钱财的人就组织武装保卫自己的家乡。当时刘基身边也有一点人。他们说你带一点人，万一出点什么事，他们可以帮助你逃脱。刘基说不用，这一次我出去，天下的事就决定于我和我所投奔的人。带几个人，没必要。刘基从此走上和朱元璋合作的道路。

我们看，刘基和朱元璋是一个历史的结合。一方面朱元璋渴望人才，到处寻找人才，一方面是刘基希望施展自己的治国谋略。他们抓住了这个历史机遇，走到了一起。

## 定计夺天下

朱元璋迎接了从浙东一起来到南京的四位先生，这四位先生就是章溢、叶琛、宋濂、刘基。朱元璋对这四位先生说了一句话，"我为天下屈四先生"。你看，朱元璋不是一个简单的人，他动不动就代表天下。我为天下屈四先生，我为天下百姓委屈你们出来帮忙，你们很辛苦。他说，天下纷乱，何时而治？这句话说起来很简单，实际上暗含着一个意思，天下群雄并起，我什么时候才能够统一天下，夺得最高皇位？

这时候，章溢出来回答，说天道无常，唯不嗜杀人者能一之。你看章溢一下子就说到了主题，朱元璋说天下纷纷何时能定，章溢说，唯不嗜杀人者能一之。要统一就要兴仁政，而不仅仅是刀枪杀人。过去说苛政为虎，苛政也杀人，你只有行仁政，才能够服人，才能够得天下。

我们知道，朱元璋请刘基这些人来，不仅仅是要他们直接给他出谋划策。他请章溢、宋濂、刘基、叶琛给他出谋划策，仗怎么打，国怎么建立。但别忘了刘基还有一个身份，刘基懂得相纬之学，懂得天文、术数之学。懂得相纬之学什么意思？就是他懂得天命。不管这个懂得天命在实际程度上有多大意义，但是全天下人都知道刘基懂得天命。刘基来到朱元璋这儿就等于承认朱元璋是天命之所在，未来的天子。

所以，一方面，朱元璋要使用刘基的谋略，另外一方面也要使用刘基无形的号召力。那么刘基怎么办呢？刘基同样也是这两方面，一方面，刚才我讲了，要做帝师、要做王佐，要辅导、帮助朱元璋成为一个合格的帝王，统一天下。同时，他也借助于自己所掌握的术数之学，帮助他达成自己的政治理念。

据记载，说刘基一见到朱元璋以后，就给上了一个《时务十八策》，就是把他在信中提到十八项策略和方式进献给朱元璋。按照朱元璋后来对于刘基贡献的回忆，说刘基为他"勘定天下之机，措安黎庶之道"，一起讨论如何平定天下的策略，还讨论如何使百姓得到安定的办法。

那么什么是刘基的勘定天下之机，什么又是刘基的安定百姓之道呢？我们知道，诸葛亮当年出山之前在隆中隐居，就知道天下三分。刘备三顾茅庐，他是上了一个三分天下的计策，叫作《隆中对》。那么刘基给朱元璋提出了什么样的策略？怎么样去勘定这个天下呢？

这就是所谓的"先汉后周"之计。汉是朱元璋政权西面的陈友谅。这个陈友谅占据的地盘以武汉（当时叫武昌）为中心，还占领江西大部分地区，他建立了汉政权。周是朱元璋东面的张士诚。张士诚以苏州为中心，建立了一个相对狭小的政权，北到淮北。当然后来，张士诚又自称为吴王。那边陈友谅是汉王。

什么叫作"先汉后周"呢？就是朱元璋如果要打天下的话，要先对付西边的汉，后对付东边的周。为什么这样说？刘基分析，汉政权在我们的上游，陈友谅这个人野心很大，一日未曾忘我，每一天都没有忘记要消灭我，天天要顺流直下攻打我们现在的南京（当时叫应天府）。如果我们不把这批人消灭掉，我们就站不住脚，没有一天好日子过。

那么东边是谁呢？张士诚。张士诚这个人，占的地方很富裕，很有钱，比如苏州是财富之地，但是这个人没有大志，自己顾自己，自己一个小天地好好的就完了。如果我们要是先打张士诚，我们可能就失算了，那陈友谅一定会要趁机攻击我们，我们就左右都是敌人。如果我们先打西边的陈友谅的话，张士诚保证按兵不动。如果一举打败了陈友谅，就等于扫除了夺取天下的最大障碍。张士诚好对付，就如同卷席一般。这是"先汉后周"。

当时，在朱元璋的将领中，对于"先汉后周"这个战略并不是都理解。有人说，你看，张士诚势力又大，而且他占的又是财富之地，我们夺取它容易，又容易得到充分的给养，应该先打张士诚。但在朱元璋和刘基的密谋之下，还是决定了先打陈友谅再打张士诚，这就定下了"先汉后周"之计。所以有很多人评论说，"先汉后周"之计实际上就是刘基给朱元璋提出的夺取天下的整体策略。

到此为止，刘基都是纸上谈兵，打仗到底怎么样？到战场上试一试。刘基到了南京三个月，就碰上了一场战争。不出刘基所料，陈友谅依仗地广人多于至正二十年，顺江而下，直接攻打朱元璋的地盘，夺取了朱元璋在应天府附近的重镇太平，现在是安徽当涂。你想，朱元璋刚刚夺取南京，立足未稳，这时候遇到了强敌怎么办？他下面的将领意见不一了，有的人说陈友谅的势力太大，我们要避其锋芒，撤离躲一躲；有的人说，南京城的钟山地势很高，我们不如在钟山上面安营扎寨；也有人甚至说不如投降。

在大家议论纷纷的时候，刘基来到了会场，一言不发，看大家说的什么话。这时候刘基示意朱元璋，说你随我来，咱们有话单说。朱元璋说，我看出你要说话，你说，什么意见吧。刘基说，先赐我尚方宝剑，斩那些号召投降的。别看他们先发制人，我们后举的也可以得胜，现在就是要统一军心，诱敌深入。结果这一仗打胜了，奠定了刘伯温在朱元璋军队当中的军事地位。

刘伯温还在一个关键的时候起到过非常重要的作用。我们以前讲朱元璋，曾经多次提到朱元璋使用学士朱升的意见，"高筑墙，广积粮，缓称王"。所谓"缓称王"，就是说不要过早地出头，谁过早地出头天下就把矛头对准谁。那么朱元璋如何执行他的缓称王之计呢？他怎么样不暴露他的野心呢？他把一个没有实际权力和力量的小明王捧在上头，建立了一个龙凤政权，在红巾军当中是至高领袖。朱元璋为了表明自己没有野心，表明我是你小明王的部下，到了过年过节之时，在军队中间摆上一把椅子，上面放着小明王的牌子。

朱元璋这样做，得到了两个效果。第一个效果，借用了小明王的号召力。朱元璋自己开始是一支人马，小明王的红巾军也是不小的势力，他说我是小明王的部下，借助了小明王的号召力统帅了自己的力量。第二方面，宣布自己没有野心，我不想当王，我没有跟你们争，你们也不要跟我争，他在保存自己的力量。可是刘基来到朱元璋的队伍以后，对朱元璋的做法不满，为什么？他认为朱元璋的时机已经成熟，他说你应该在适当的时候抛开小明王的羽翼，自己跳出来，可能会让你取得更快的发展。

这时候出现了一件事，就是小明王所在的安丰遭到了张士诚的攻击，小明王受到了威胁。小明王是朱元璋的上级，他名义上是皇帝。朱元璋即使后来当了吴王、大元帅，都是小明王的部下。皇帝有了难，怎么办？在这方面，朱元璋表现出了他的人格。

我们评价一个古代的人，总是说到他的政策，可是我们常常忽略他们的人格和人性，和具体做一个人的价值。朱元璋怎么样在世界上做人，才能够统帅千军万马？别人在看他，你的皇帝，你的主子如今受到威胁，你不管，别人还跟随你吗？你将来遇到危险别人还管你吗？以前朱元璋在郭子兴的军中，还是一个小小的九夫长的时候，郭子兴遇到困难，被别人扣押起来了，大家都认为很危险，不能去，朱元璋就挺身而出，救了郭子兴，他就有这种品质。

这个时候他和刘基发生了分歧。刘基说你不能动，小明王有问题了，可是现在陈友谅在看，如果你一旦离开你的地盘去救小明王，陈友谅一定会趁机打过来。朱元璋不信，还是带兵亲自去救小明王。把小明王救了以后，还没有回到南京，陈友谅发兵就夺取了朱元璋的地盘。

朱元璋十分后怕，如果说陈友谅打的不是洪都，而是直接打南京，那样我腹背受敌，将来的前途还不知道怎么样。可现在，陈友谅没有攻打南京，我们还来得及。他下令让他的侄子朱文正保卫洪都。当时洪都已经被包围了一个多月的时间，朱元璋说，你再坚持一个月，我亲自去营救。洪都就是现在南昌这个地方。结果，朱元璋坐船乘江而上，跟陈友谅在鄱阳湖相遇，这样就发生了鄱阳湖大战。

鄱阳湖大战打得非常激烈，其中有这么两个小插曲。一个小插曲是陈友谅发现朱元璋乘坐的指挥船桅杆是白颜色的，于是号召所有的船攻打这个白颜色桅杆的船，第二天朱元璋赶快把白色换了。还有一个，朱元璋坐在自己的指挥船中，旁边是刘基。忽然刘基跳起来大喊说，主公（可能是叫主公吧，咱们假设）快走，拉着朱元璋就往别的船上跑，还没有落定，原来的船已经被打沉。所以刘基曾经在鄱阳湖大战中救过朱元璋的命。

这一场战争打得非常长。陈友谅的船是上下三层的大船，上面都包了铁皮，上下说话听不到，马可以在上面行走，而朱元璋是小船。大船有大船的优势，小船有小船的灵活，于是朱元璋下令火攻。在这场火攻当中，陈友谅的弟弟战死。陈友谅一下子泄气了。弟弟死了，而且跟朱元璋打了这么长的时间，离开自己的后方很远，所以供给就发生了问题，这时候陈友谅他们就准备撤离。

刘基又提出了一个计策，说现在要封锁湖口，断绝他们的回路。后来陈军粮食断绝又突围不成，士气低落，而陈友谅又在乱军之中被一只飞石流弹射中头颅，穿过眼睛而出，陈军惨败。朱元璋打败了陈友谅这个强敌。

第二年，朱元璋的东边全部扫平了，所以下一个目标就是张士诚。"先汉后周"，朱元璋就按照这个计划，最后实现了统一天下的大治。平定了张士诚以后，派徐达、常遇春北伐，提出"驱逐鞑虏、恢复中华"。这个口号很熟，孙中山先生借用了。所以在孙中山和早期的国民党人看来，朱元璋是英雄，绝对不会像现在很多人认为的那样，朱元璋是一个杀人的刽子手。他是一个"驱逐鞑虏、恢复中华"的人物，在这个重要的业绩当中有刘基的力量。

## 建国后定治国之策

我们是以儒家为主体的政治体系，建立法制，建立秩序，改变没有纪律，没有法制的天下混乱局面，是为了拯救百姓。因为天下混乱，贪官污吏横行，百姓生活如同水火。在这拯救百姓的过程当中，刘基做出了他的贡献。刚才我们讲了，在夺取天下的过程当中，他提出了"先汉后周"等策略，那么在建国以后，刘基又做了什么呢？陈纲立纪。"陈纲"就是建立纲纪，"立纪"就是建立法制。刘基和李善长一起制定了最早的法律，这部律令逐步修改完善就成为了后来的《大明律》。《大明律》是中国历史上一部重要的法典。

刘基在明朝建立以后，还参与了制礼作乐的工作。一个国家在开始的时候，靠武力得天下，但是它要维持秩序的时候，靠什么呢？靠制度，靠礼制。礼制实际上是维护秩序的手段，是规定社会等级秩序的手段。

还有一个，恢复科举的制度。朱元璋是打仗出身的，他不怎么相信读书就一定很好，他也不是说完全就把科举当作选举人才的唯一手段，他当时提出来"三举并重"。刘基帮助他完善科举制度，所以朱元璋统治下的明朝完善了科举制度，并在天下普遍建立学校。

## 君臣摩擦，谋臣陨落

在夺取江山的时候，刘基和朱元璋可以说是如水乳交融这样的一个关系。用朱元璋本人的话说，三军所向，治国方略，"卿能言之，朕能审而用之"。各种谋略、办法，你能够提出意见来，我能够审查使用。他们两个就是一个提谋略，一个能采纳。

在打仗的时候，朱元璋常常离不开刘基。有一次刘基因为家里妻子有病，请假回家，可结果没过三个月，朱元璋赶紧给刘基写信，说现在出问题了。很多人给我提意见，说我们的刑法是不是过重？天上又出现黑子了，你赶快告诉我哪一天我应该做什么？天象的问题象征着什么？赶快来。只要你一来，我就高兴了。

　　这种水乳交融能保持下去吗？很多人，朋友、合作伙伴常常都是过河拆桥的，是不是？你想，朱元璋当时是皇帝啊，刘基是他的臣下，他们能够永远保持一种和谐的朋友关系吗？这是个大大的疑问。

　　这时候就出现了一些小事，小摩擦。有时在讨论政见的时候，刘基本来是想帮朱元璋说话，但是常常要遭到朱元璋的反驳。朱元璋说治天下靠什么呢？刘基说宽仁而已。又宽又仁，这不是很好吗？朱元璋说，不，你概言宽仁太空洞了，要使民知之教化，要使民知礼，如果不做到这些具体的东西，你说宽仁有用吗？实际上刘基没有详细论述，但是朱元璋非要驳斥一下。

　　有一次，朱元璋和刘基一起时，跟刘基说，我现在白天吃不好饭，晚上睡不好觉，非常劳累。朋友之间可以说这样的话。刘基在一旁劝说，现在不比当年打仗的时候了，也可以歇歇肩，放松一下。朱元璋说不对，你怎么让我放松呢？一个人放松就会摔跤，你让我放松，天下不是出大问题？实际上刘基不过说了几句宽慰的话，他就把这个当成是驳斥刘基的机会。由此可见，君臣关系已经发生了变化。

　　刘基在朝中常常对一些人有非常公正的评价，比如说，他说丞相胡惟庸像一匹小马，让他驾大车会把这个车拉坏的。胡惟庸便记在心里。不久发生了一个案子，谈垟案。这个谈垟是一个地名，离刘基家乡不远。这是一个不大管得到的地方，所以这个地方经常有土匪，经常发生动乱，当时方国珍贩盐就是在那里发家的。刘基当了明朝的官以后，知道那个地方会出问题，所以就建议朝廷在那儿设立一个巡检司，用现在的话说，就是建一个派出所，把这个地方管制起来。

这本来是个好事，大家都不管，现在建一个派出所把这个地方的治安加强一下，结果出了问题。有人说，刘基有野心。这个谈洋并不是什么没人管的地方，是我们的祖产，他想要这块地方要不到，所以他让朝廷在这里建立巡检司。他为什么要这块地方？刘基是懂得天象的，他看中了这块宝地有帝王之气，他有野心。于是就一状告到了南京。怎么办？刘基非常聪明，他当时已经第一次退休在家了，在家里待着也说不清楚，就赶快到南京负荆请罪，跟皇上说，我这件事做得不好，以后我就在你眼皮子底下，你看着我好不好？

后来还有一些小事情。大家知道古代过节要祭祀先人，在庙里都有供奉，实际那些供奉品最后是大家自己吃的，这些肉叫作胙肉。刘基刚刚从老家来到南京，赶上大家分这个胙肉，每个官员都有一份，结果，朱元璋发现了，说刘基你没有参加祭祀，凭什么分胙肉？罚俸，扣工资。这说明什么？说明朱元璋的地位发生变化以后，对刘基的态度已经完全变化了。

所以刘基在晚年的时候，处境是非常不稳的。这个时候朱元璋还没有开始大杀功臣。到了洪武七年，刘基病重了。他从五十多岁的时候开始病，一个手抖，走路也不好，心情又压抑，他的病又重了。这个时候朱元璋派人去送了两服药，刘基吃了以后不见好。有一次刘基就找到朱元璋，说，上位（明朝初年叫皇上不叫皇上，叫上位。上位，就是上面的位置），这个药吃下去以后，肚子鼓鼓的，过了一段时间，这个病也不好。朱元璋一看，这个人不中用了，送他回家。

朱元璋写了一封信，写了一封诏书，写得很特别。这个诏书怎么写的？开始的时候写着，你当年投奔我，是应了天命，然后帮助我出谋划策，打了天下。最后写了几句话，说君子绝交，不出恶言。这就是绝交书了。咱们是君子，咱们两个分手，谁也不要说谁不好的话。你有很多小辫子在我手上，我也不说了。这是什么意思？君臣关系破裂了。说商不亡于道，官终老于家，世人之万幸也。就是你做官没有在任上被皇帝杀死，现在能够回家得一个全尸养老是好事，你是幸福的；做生意，走南闯北，没有在半道上被强盗杀死，你是命大的。现在你平平安安回家，你应该感到庆幸。刘基得到这个诏书回到家里，几个月以后就因病死了，一代谋臣刘伯温就此陨落。

孟宪实

中国人民大学历史系、国学院教授，主要从事隋唐史、敦煌吐鲁番学研究，著有《敦煌百年》《汉唐文化与高昌历史》等。2013年受聘新疆师范大学"天山学者"计划。曾在央视《百家讲坛》主讲"玄武门之变""贞观之治"等，反响热烈。

# 唐太宗的治国艺术

孟宪实

今天跟大家分享一点读书体会，介绍一个历史人物，唐太宗。这个人物我们应该是耳熟能详的，在中国几百个帝王中，他算是千古一帝。他在很多方面为中国立下了不朽的功勋，以至于一千三百多年之后的今天，我们仍然能够感受到他的光芒，他的存在。

## 我们渴望再有这样的时代

唐太宗当皇帝，其实只有 23 年。23 年在漫长的历史长河中，仅仅是一瞬间。很多个几十年我们都不知道是怎么过的，但是贞观的 23 年却永远铭刻在中华民族的史册上。这是为什么？大家会说因为唐太宗做出了太大的贡献。简单地说，大概有几个方面值得我们至今关注。

因为唐太宗和他一班大臣艰苦卓绝的经营，唐朝获得了前所未有的国际地位，或者换句话说，唐朝的国际地位十分崇高。唐朝的皇帝被各国的君王上了一个尊号，叫天可汗。从唐太宗开始，唐朝的每一个皇帝都有这么一个称号，叫天可汗。

天可汗有一方印，就叫天可汗之印。在中国的境内，皇帝当然用"天子之宝"这样的印玺，但是向外国发信，会盖天可汗之印。天可汗之印就是在承认天可汗在国际范围内是天下共主，各国发生争执、争端，甚至发生战争，天可汗要去管，实在不听话的，天可汗可以派兵征讨。

唐朝是在他管辖和影响下的地区内真正意义上的国际警察。这有多大的意义？因为从唐朝以后，不管是大范围的中国还是小范围的中国，我们经常处于被动、挨打的局面，尤其是到了近代，我们几乎过几十年就会被打一次，每当这个时候我们就会想起天可汗。

那个时候君臣之间、大臣之间，也有矛盾，有分歧，但是大家可以开诚布公地讲出自己的意见，对于各种各样的意见，大家可以心平气和地讨论。君臣关系如亲人，这几乎是前无古人，后无来者。

也是在唐太宗的时代，我们发现中国的古老文明焕发出难得的青春活力。那时的政治文明在君主时代达到一个较高的水平，一直让后代怀念。也是在贞观时代，我们听说了一句话，叫作"路不拾遗，夜不闭户"。就是从贞观时代开始，人们用这句话去赞美一个时代社会和谐、治安良好。

我们一直渴望再有这样的时代出现在我们眼前。在后来的朝代中，我们看到了很多不愿意看到的事情。我们看到朝廷上下对立，国家与社会对立；居庙堂之高，却不能想着百姓，大家想的除了勾心斗角、争权夺利就是盘剥百姓。所以一个朝代又一个朝代，一个浮靡接着一个浮靡，每当这个时候，当百姓受苦受难的时候，也许大家会想到天可汗，想到唐太宗时代的百姓，或许比较幸福。

今天我们是在一个特殊的时期，在中国改革开放发展了三十多年之后，我们满怀信心地回忆古代，讲述传统。我们仍然能够从古代的历史传统中，寻找到对我们今天有益的人和事。那么一千三百多年前的唐太宗和他的贞观时期，到底能够给我们提供哪些有益的知识，让我们的心灵能够活跃起来呢？我先讲几个小故事。

## 一贫如洗的朝廷重臣

贞观只有23年，就是从627年到649年。贞观七年的时候，有一个大臣去世了，他是户部尚书。户部是唐朝六部之一，尚书是中央部长级的部长，只有六个。吏部，是管干部的；户部，管人口、赋税、土地，是管经济的；礼部，管国家礼仪；兵部，管国防和军事训练；刑部，管司法；工部，是建设部，管建设的。

哪个部的经济权力最大呢？户部。你现在把中央各部所有的经济部门，什么银行、财政部加在一起，也没有唐朝一个户部的权力大，国家的经济命脉、结算、运算都在户部。管国家经济命脉的一个大臣，叫戴胄，贞观七年去世了。他去世的时候家里很穷，穷到什么程度呢？史书没有过多描述，只是说他们家的房子太小了。小到这个人死了，应该在他们家举行一个吊唁仪式，但是房子太小，没有办法做这个仪式。按照一般的规矩、礼仪的要求，他们家的房子应该有一个客厅，但是他们家房子太小没有客厅。唐太宗一了解情况，赶紧出钱给他们家建了一间房子出来。

无独有偶。贞观二十一年，工部尚书李大亮去世。刚才说了，重大的国家工程由工部负责，要修长城、修京城，做大的水利工程都由工部负责，我们知道工部是一个花钱的单位。今天人们的经验是花钱的单位有水分，腐败的机会多，可是工部尚书李大亮去世了，他家穷得简直是一贫如洗。人们给他家做了清算，没有说到房子，说到什么呢？说家里有多少匹布，有多少斗粮食，如此而已，家徒四壁。当时人去世时，在举行礼仪的时候，要在死者的嘴里面放一块贵金属或者放一个金钱、银币，一般会放一个玉片，就这个一个小小的放到他嘴里的玉片，他们家没有。这么大的领导，就这么穷！

穷的人还很多。如果大家有人看过《贞观长歌》的话，里面有一个很有名的人物岑文本，他是唐太宗时代的中书侍郎，贞观十七年当了中书令。中书省是三省六部的三省之一，是国家最重要的权力机构，为什么？因为皇帝所有的命令都下达到中书省，由中书省起草皇帝的命令，再下发执行，所以全国最高机密都在中书省。掌握最高机密或者多种国家机密的地方，一定可以做权钱交易。可是，当了很多年的中书侍郎，就是中书省副长官的岑文本，家里太穷了。他的房子又小又湿，有人跟岑文本说你是大孝子，怎么好意思让你母亲住在这样的房子里？你应该经营一点自己的产业、家业。岑文本说我是一个书生，对这个国家没有什么贡献，拼命地为国家努力做好工作，也报答不了国家、皇上对我的恩情，我怎么有可能有时间、有精力去经营什么自己的家产呢？

岑文本是个大才子，善写文章，思如泉涌，他同时可以写六篇文章。怎么写？六个桌子分别摆开，有六个人负责抄写，他一人给一句，让他们按照他的话抄，最后一句大家各自文章同时完成。这么一个大才子，后来在贞观十九年，累死了。

是贞观的时候工资太低了，所以大家太穷了吗？不是这样。

我们以李大亮为例。他当工部尚书的时候，同时是左卫大将军，是军衔最高的将军，他还当过现在的甘肃宁夏的南部、青海北部这个地区的都督，就是地方最大的官。都督是有军事职能的官，军政长官。他做凉州都督的时候，因为那是贞观之初，国家没有什么储蓄，他就用自己的工资做一些公益事业。战争过后，很多尸体没有人掩埋，他就自己出钱，雇人把这些尸骨掩埋起来，这是公益事业，可以由国家做，但是他却自己做。他最早做一个县的县令，去赴任的时候，赶上了当地的旱灾。头一年旱灾，到这一年正好是青黄不接，大家都出去讨饭，可是如果今年再出去讨饭，明年又没希望了。李大亮能干什么？干不了什么，家里没有存款，政府没有储蓄，他是军人出身，只能把自己骑的马卖了，买了种子发下去。这是有名的李大亮卖马的故事。

大家知道，在冷兵器作战时代，在战场上你骑的马就是你的腿，你跟你的马的配合程度，决定着你的性命安危，可是李大亮别无长物，只有这匹马值钱，为了救灾，为了一个县的百姓明年的生活，他把马卖掉。那一年上天很眷顾，百姓很争气，最后县里迎来了大丰收。

后来李大亮因为立了战功，唐高祖一次赏赐李大亮一百个奴婢。奴婢是可以卖钱的，皇上赏赐的奴婢当然就是财产。但是李大亮对这一百个奴婢说，你们都是良民出身，因为战争的原因被掠卖为奴，我怎么好卖你们呢？就在同一天把一百个奴婢解放还良。这是一个有典型意义的事件，面对财产，唐初的人的想法跟我们后代人的想法真不一样。他觉得这些人怪可怜的，怪无辜的，所以即使是自己的财产我也不要。

李大亮一辈子养了很多战争孤儿，他在贞观二十一年去世的时候，史书记载至少有 15 个战争孤儿把李大亮当作自己的亲生父亲来尽孝。这是唐朝的干部。他们好像很没钱，其实他们曾经很有钱，只不过是不拿钱当回事，他们都把钱拿出去给别人用。

同类的还有很多，比如贞观有个著名的大臣魏征。魏征家的房子也不符合礼仪，甚至因此被人告发。比如应该有一个祭奠祖先的房间，但是魏征家的房子很小，他的卧室跟祭祖的房子在一块儿，所以人家告发他是有道理的，这是对神的不敬。皇上找魏征谈话，魏征答应要解决，但是一直到贞观十七年魏征家的房子还是老样子，可是这个时候魏征已经病入膏肓了。皇帝说魏征的房子我一直惦记着，一直没有解决，这次不跟魏征打招呼了，直接给他建了。于是皇帝停下正在建的一个小殿，用这些材料给魏征家建出了一间房子。所以魏征死的时候还是很幸福的，因为皇帝给他盖了房子。

皇帝给魏征盖的房子成了贞观时的一个文物，经过了高宗，到武则天，一直到唐玄宗开元时代，那间房子还在，大家路过的时候都知道这是魏征家的房子，皇上给盖的。可惜在开元的时候家里人不小心一把火把房子全烧了，一家老少围着灰烬哭了好几天。于是长安的人们纷纷去魏征家悼念那间房子。那个有形的房子虽然烧了，但是它代表了一种精神，代表了贞观时代君臣互敬互爱的精神，这种精神是永远存在于大家心目中的。

贞观的时候，为什么大臣们都这么努力地工作？为什么都不把钱财当回事？比如说魏征，其实能挣很多钱，看《贞观政要》的书，提一条建议皇上就赏赐，再提一条建议，又有赏赐，钱很多，但是他家的房子始终没有盖起来，为什么？就是发给亲戚朋友了。

这些大臣真是舍己为朝廷。是什么让他们这样有奉献精神呢？这就是我认为我们今天可以吸收的一个历史营养，那就是贞观皇帝唐太宗是如何运用权力的。

## 唐太宗为何能理性用权、虚心纳谏

中国人对于权力是非常敏感的。在法家教育系统中，十分强调权力的作用。法家为了巩固自己的权力，有的时候是会走极端的。所以我们看到过很多帝王，权力在他们手上变成了十分野蛮的力量。但是我们在贞观时代能看到另外一种景象，统治者可以把权力运用得十分理性。

我们平常了解的贞观之治，有一个概念大家是知道的，就叫纳谏。贞观皇帝唐太宗为什么能够获得那么好的统治业绩呢？是因为他能够很好地纳谏。纳谏是什么？就是听从不同的意见。在朝堂之上，有一个声音是代表正确的，那么不管谁发出这个声音，别人就要听从。

我们一般都觉得纳谏其实是很难的一件事。不要说权力在握的皇帝，就是一般的领导、一个普通人，要想接受不同的意见、反对的意见、言词激烈的意见都不容易。

难处有两条：

第一条，人性的弱点。这是普遍的。大家都喜欢在群体中树立一个正确的形象，喜欢被表扬、被推崇，不喜欢被批评。皇帝也一样。

第二条，权力的弱点。权力是这个社会的一个支配系统，他能够决定别人的状态，所以成功的一个标准就是掌握了更大的权力，当了更高级的领导。但是当了高级领导，所有的思考、所有的想法就一定都是对的吗？那不一定。但是领导越高，越不容易听从不同意见。我不是已经证明我一贯挺正确的吗？要不然我怎么会到这么高的位置上呢？所以好多处长都不爱听批评的意见，动不动就发脾气，官越大脾气越大，这个大家都有体验。

那么唐太宗为什么能够接受不同的意见呢？他为什么能够做到克己纳谏呢？可能有几个方面的原因。

第一，唐太宗曾经犯过很大很大的错误，就是玄武门之变。唐太宗这个皇位来得不合法，是非法获取的，杀了兄弟，逼走了父亲，他才当上了皇帝。他的权力、地位不合法。正因为如此，他才求治心切，希望用自己的成绩，来减弱自己的错误给大家留下的印象。一直到他晚年，贞观二十年的时候，他还说过，人心怎么会是这样的，你做了那么多好事人家记不住，你做了一件坏事，人家就念念不忘。听唐太宗一说，大家都知道是什么事，他一定是说自己发动了玄武门之变。

这个时候我们看见了辩证法，犯了大错误不要紧，只要你以后做得好，历史和人民还是会原谅你的，这对于犯错误的干部是有好处的。正是因为求治心切，所以唐太宗能够克服别人克服不了的面子问题，这是第一个原因。

第二，唐太宗在当皇帝之前，经常率领唐朝的军队东征西讨，打过无数的战争。大家知道，战场上权力是唯一的，指挥权是唯一的，但是讨论局势、进行决策的时候，会有军事会议。因为战场是一种特殊的情况，一个决策失败，有可能导致全军覆灭，那就是多少人死亡的问题。所以唐太宗有听从不同意见的经验。他每一次战场决策的时候，都会召开军事会议，在会议上谁都可以发言。

唐高祖武德四年的时候，唐太宗当时还是秦王，包围了洛阳。有人来救援洛阳，李世民就面临腹背受敌的情况。他召开军事会议，多数人认为唐朝是疲惫之军，不能再打，最好的办法就是撤退。只有一个人说，不能撤军，如果撤退，我们包围洛阳的这个战绩就一扫而光，又恢复到原来的状况，最好是围城打援。最后他采取了这个人的意见，围城打援，结果天公作美，一下子把两个重大敌人都消灭了。所以不要觉得战场和军事一定都是绝对专制的，不是，他有的时候会充分吸纳别人的意见，这对于唐太宗来讲是一个很正确的经验，这是第二个方面。

第三，跟皇帝的个人心灵有关。一般的皇帝或者掌权者，特别是刚刚掌权的人，特别不容易采纳别人的意见，为什么？他需要自我证明。刚刚即位的新皇帝尤其听不得不同的意见，他跟开国的君主就不一样，开国君主用建国这个历程，已经完成了自我证明。虽然唐太宗这个位置也是继承来的，但是他也是参与过打天下的。正是因为这一系列的原因，决定了唐太宗在纳谏的时候，确实比别的皇帝做得更好、更到位。

## 对皇帝私生活也要谏的唐朝大臣

但有的时候，也不好办。别人提的意见有的是很难堪的，但是他也能接受。唐朝的大臣提意见的人很多，魏征是代表。有一次唐太宗下了朝，这天讨论的事情很顺利，挺高兴的，于是请几个大臣吃饭。大概是在后宫的某一个小殿，有美人在旁边帮忙张罗。这些大臣对皇帝的皇后、嫔妃，都是认识的，可这个坐在皇帝身边的美人谁都没见过。唐太宗一看大家有疑问，就做了一番介绍，说这就是李元的夫人，也是他们李家的人。

在玄武门之变的时候，李世民是一派，太子李建成是另一派，这个李元呢，是李建成的人，跟李世民是对立的，被李建成安排在幽州当都督，幽州就是现在的北京。玄武门之变，唐太宗成功了，就通知李元到长安开会。李元当时就没主意了，跟自己手下的一个官僚商量，说怎么办呢？太子被人干掉了，秦王上台了，现在让我去长安，我去不去呀？这个官僚就说，你不能去啊，你想想你原来是李建成的人，现在李世民上台，你要去，他能让你好过吗？何况你手下有三万人马，三万人马任人宰割，太不划算了。所以李元决定谋反，跟新上位的李世民对着干。他人也召集得差不多了，那个副官，先鼓动他谋反，这会儿却领着人把李元杀了，再向朝廷报功。李元就是这么个倒霉蛋，按照朝廷的法律，他的谋反是成立的，他的夫人就要被押送到长安，没入后宫，在后宫干粗活。他的夫人因为长得美，被唐太宗看到了，就给安排到自己身边了。

大家一听，是这么回事。唐太宗还给大家解释，这个李元的夫人，原来也不是李元的。李元去幽州之前不认识这个人，到了幽州一看，这个夫人漂亮，就把人家丈夫杀了，把人家夫人夺到手里。这李元多可恨，他后来失败是很正常啊，要不然天理不容。

他刚说完，在座的一个大臣王规就马上正襟危坐，说陛下，你认为李元杀夫夺妻这件事做得是对还是不对？唐太宗说当然不对，你怎么会这么问我呢？王规就说了，陛下是知道的，但是不是所有的陛下都知道。比如说春秋的时候，有一个叫齐桓公的人，老百姓说他很不错，是非分明，但是他善善不能从，恶恶不能改。什么意思？他知道什么是好的，但是自己不能跟着去做，他知道什么是不好的，但是他自己改正不了。

王规这在说什么呢？你唐太宗虽然不像李元一样杀夫夺妻，但是你莫名其妙地把人家夫人留在自己身边，那不就是五十步和百步的关系吗？那不也是善善不能从，恶恶不能改吗？唐太宗听明白了，喔，我这也是不对的，于是就改了。他把这个美人送回老家，送到她自己父母家里去了。

这是大臣提意见的故事。皇上的私生活，大臣是敢于干预的。这是不是私生活？是啊，典型的私生活。在唐代，这种关系有一个特别的名词，叫别宅妇，就是非合法的一种男女关系，相当于现在的小二小三什么的。唐太宗就是养了一个别宅妇，被大臣们发现了提出质疑，唐太宗只好改了。

　　唐太宗喜欢的好多事，都被大臣给搅了。贞观八年的时候，唐太宗又碰见一件高兴事。这次唐太宗要结婚了，女方郑家是一个非常出名的大家族，家庭教育非常好。这次是长孙皇后亲自做主，由房玄龄宰相跑腿。那时候结一次婚很复杂，要问名问这问那，房玄龄跑来跑去，最后一项手续就是皇上派大臣到郑家册封，宣布什么什么女儿为夫人，拉到宫里面就成了。就差最后一道手续，结婚程序就差不多了。有一天，朝廷开会，唐太宗听见魏征咕嘟了一句，说我听见长安市面上有一种说法，说郑家的女儿，皇上要娶的那个夫人，已经嫁给了陆爽。如果她真的已经嫁给了陆爽，你这结婚就有问题了。真的假的？不知道。

　　皇帝就很生气，不是生魏征的气，是生房玄龄的气。你说我要跟人家结婚，人家结没结婚你都不知道，这不是你首先要搞清楚的问题吗？把房玄龄一顿臭骂。房玄龄很生气啊，他赶快就到郑家去问，你家女儿是不是嫁了别人？郑家还说没有。就问陆爽，说你娶了郑家女儿吗？陆爽说我没有。陆爽还专门给皇帝写了信，说我父亲健在的时候，两家确实有来往，但是没有谈婚论嫁的事，市面上的都是瞎说的。怎么回事呢？朝廷开会，房玄龄说两家都不承认有结婚，朝廷已经动用了这么大的工夫了，咱们就继续吧。

　　皇帝还是有点疑惑，就去问魏征，说你觉得是怎么回事，为什么当事人都说没结婚，可是却有这样的流言呢？魏征说我也不知道，但是呢，我可以猜一猜。这陆家和郑家，一定是把陛下您当成了太上皇了。太上皇就是唐太宗的爹，高祖李渊。怎么回事呢？太上皇原来在隋朝末年的时候，从太原起兵打进长安，后来自己当上了皇帝，进了长安，眼睛特别好使，一眼就能看见街上哪个美人漂亮。他看上了一个姓金的小干部的夫人，就把人请进宫，然后把她的丈夫派到外地去做官。这个姓金的小干部没办法，跟皇帝争夺夫人肯定争夺不过，而且在外地当官当得也不踏实。一有京城来人，他就担惊受怕，以为是皇帝派人来杀他，不久就吓死了。

魏征说什么呢？就是说郑家和陆家就怕你皇上回头给穿小鞋。唐太宗挺高兴的一件事，朝廷花了很大的力气要完成的这档婚事，突然出现这么一档传说，魏征再这么一分析，唐太宗怎么说？唐太宗说这婚不能结，我不能让大家认为我和我老爹一样，所以这事也给搅黄了。

## 国家治理最重要是取信于民

为什么这些大臣就像专门跟皇上作对一样呢？这是可以理解的。在中国古代的封建国家里，儒家有一种理论，认为国家的治理，最重要的问题就是取信于民。孔子不是有一段经典语录吗？子路问他国家最重要的是什么，孔子说要有足够的兵，足够的粮食，第三要有信用。然后子路就问，可以去掉哪一条呢？孔子说，去兵吧，留下足食和信用。那再去一条呢？那就去掉食吧，足食也不要了。为什么要这样说呢？国家要没有信用，就没法站立，叫"民不信则国不立"。所以信用对于一个国家来讲，是至高无上的一个价值。唐太宗和他的大臣们都坚信一条，皇帝是国家的最高形象代言人，他就是国家的形象，这个形象代表着国家的信用，值多少钱？那是不可计量的。所以为了维护维持国家这个信誉，只能是知错就改。所以唐代的君臣是一种质朴的关系，他们知道，"要想人不知，除非己莫为"，这是最朴素的道理。而国家信誉万金不换，有错就必须改，虽然是皇帝的私生活，我也要提出来，因为如果你坚持错误，那就不利于国家的统治。

接受大臣的建议，有的时候真是很难。唐太宗有那么几个原因，所以他做到了。有的意见，像刚才我们提到的，直接涉及皇上的私生活，有的意见，涉及国计民生。但是好多时候，皇帝也要考虑面子问题。于是有一次，唐太宗就悄悄地找魏征，递小话，说魏公啊，我对你多尊敬，你心里是有数的，可是你总是在满朝文武面前让我下不来台，给我提那么尖锐的意见，我也受不了。跟你商量商量，以后你有什么意见，我保证都听从，但是有一条，你不要当众提，行不行？魏征说不行，朝堂之上，君臣坐而论道，讨论天下大事，这是天底下最光荣、最光明正大的事。但是如果我同意跟你这个约定，那这光明正大的背后，就会出现一个小小的阴谋，阴影就出现了。接下来你还跟别人也这样，那朝堂上还有谁敢开诚布公地谈问题呢？每个人都有私下的约定，把国家的大公大义放在什么地方呢？

**纳谏的哲学：开诚布公的气氛**

所以在贞观的时候，不要小看纳谏这个事。纳谏是有哲学的，哲学在哪儿呢？就是具体提的意见，或许对，或许不对，这不要紧，重要的是，朝堂之上有一种开诚布公的气氛。确实，魏征能够提很多真知灼见，能够想别人不能想的道理，别人看不到的，他能看到，别人看到近处，他能看到远处。但是魏征始终维护的一个是什么呢？是提意见的这个气氛。

所以有一年，有一个县里的副县长，给皇帝提了一大堆的意见，特别尖刻。说朝廷现在要修城墙，但修城墙不会有好结果，汉朝皇帝修了城墙，自己就驾崩了。还说长安有些女人，文化很有问题，就是宫里的公主、嫔妃带的头，不穿戴传统的服装，穿西式的时髦衣服，头发越梳越高，就是高髻。这些意见都是不着边际的。唐太宗就很生气。魏征就说了，自古以来，提意见都是一件很难的事，想给领导提意见，话要很有分寸，要把握得很恰当，还要引起皇帝的注意。有的时候为了引起皇帝的注意，就用了一些很尖刻的词，其实他没有别的意思，他的动机不过还是提意见而已，希望朝廷改正，不是真的要跟你过意不去。这么一来呢，就是从动机的角度进行了解释，认为他没有险恶动机，不是攻击政权、毁谤领导，还是从工作出发。魏征这么一解释，皇帝就说好吧，这次就不追究了，这个事就过去吧。

过了一些日子，唐太宗征求意见，说大家说说，我们最近朝堂之上有什么问题啊？魏征又说话了，说我觉得最近皇上脾气很大，以前提意见皇上都是很高兴地接受了，现在给皇上提点意见很难，皇上经常发火。说的就是那个副县长的事。皇上说，好，你提建议，我就让他升官，让他升到六品。什么意思？就是用提拔这个官员的例子告诉大家，朝廷是鼓励提意见的。

## 唐太宗的人才观

我们今天说，国家要选拔人才，作为一个领导干部合格不合格，要看这预备役的干部是不是人才。唐太宗的时候也是这样。唐太宗有一个很特殊的考察人才的办法，诸位领导可以参考参考。唐太宗说，你们各个部门都要注意了，你们知道人才的标志是什么吗？所谓的人才，就是能够提出跟别人不同见解的人。我们费尽力气要考试，选拔人才，把你放到一个岗位上，结果你每天什么也不说，让你做事你就做，不让你做你也不做，国家要你干什么？你的特殊之处，就是在你的角度，根据你的学识提出自己的见解，你的见解可能正好弥补朝廷决策的重大不足，这才是人才。所以唐太宗鼓励，每一个部门都应该提出你自己的意见，最反对的就是人云亦云。

这种人才观是需要考验领导力的。我们有的时候就怕别人提意见，所以你就不会获得唐太宗那样的人才队伍。

唐太宗有各种各样的人才，所以他自己有时候会觉得，比一比古代的皇帝，我也不差。唐太宗甚至说，我最擅长的，就是不仅能用君子，还能用小人，什么人我都能用。

所以纳谏这件事，其实也是人才观的一种体现。你作为领导，大家有意见、有建议、有想法，无处表达，那是领导的失职，不利于工作的全面开展。因为我们从来都知道，凡是有规模的事业缺乏的永远都是人才。因为人在事先，没有这样的人，就干不成这样的事。所以发现人才、使用人才，永远是领导人最重要的一件事。

那么唐太宗是怎么运用人才的？怎么发现人才的？他确实跟别人不一样。

## 知人善用

比如说最著名的魏征。魏征原来是唐太宗的反对派，曾经在太子李建成手下，建议李建成杀掉秦王李世民，擒贼先擒王。结果李建成被李世民给干掉了。李世民可以杀魏征,但是他没有杀,保留了这个最重要的人才,这也成了李世民的一段佳话。他为什么不杀魏征?一方面,魏征用自己的方式表达了对秦王李世民的钦佩之情。另一方面,那个时候已经掌握大权的李世民需要天下安定,再斗争下去,没完没了。所以他要在魏征这样原来反对派的人身上做一个榜样,让天下相信,现在的政府是需要安定的。要没有了魏征这样的人才,我们真的难以想象贞观之治。

贞观元年的时候,岭南冯家,势力非常大,但是他跟唐朝其他地方的制度不一样,差不多是高度自治。所以唐朝边疆地区的军官就希望打一仗。岭南周边,湖南、四川、福建这些地方,都纷纷报告说岭南在谋反。好几年一直在报告,于是唐太宗集结了十万兵马,派遣了将军,准备去讨伐岭南。魏征听到消息以后,马上出来制止。魏征说,岭南肯定没有谋反。岭南如果谋反,他一定分兵把守要道,在四川到湖南,还有福建这些地方,一定会发生边境地区的冲突,但是这么多的报告没有一次提到有冲突的事情,可见没有军事行动。唐太宗说,没有军事行动,他为什么不来朝见朝廷呢?魏征说,朝廷怀疑人家这么多年,也不派个使者去了解情况,人家哪敢来?来了被你扣押了怎么办?唐太宗说,那到底怎么办?魏征说,很简单,你就派一个使者,代表皇帝去慰问岭南,看看那个地方到底怎么样。唐太宗派使者到岭南一看,没有谋反的事,然后冯郎又派了自己的儿子到京城,一场战争就解决了。所以唐太宗说,魏征一席话,胜过十万兵。

魏征能看到别人看不到的地方,这就是人才。

贞观十五年的时候,天可汗唐太宗要派一个特使到西突厥那儿去,给新任的西突厥可汗举行一个加冕仪式,就相当于天可汗加冕西突厥可汗，承认他的合法地位。这是一项政治活动。当时西突厥的可汗在现在中亚的吉尔吉斯那个地方，很远。于是有人向唐太宗建议，你这使者派出去了，就让使者一身兼二任，多干点事，回来的时候，让他买点马。因为马是战略物资，中亚的马很好很有名，买点马回来，对改良我们的马种很有好处。唐太宗一想挺有道理，就让使者带上钱出发了。使者出发以后，魏征才听到消息，赶快跑到皇帝这儿来，说不行啊，不能让使者买马。我们天可汗去给西突厥可汗加冕，这是一项很大的政治任务。我们本来派的是特使，专门去给人加冕的，结果加冕完又买马去了，这西突厥当地的人还有周边的人怎么看呢？说天可汗买马的使者给你加的冕，可见天可汗对你不重视，人家主要是来买马的，顺便给你戴个帽子。这样的话，西突厥可汗在他自己国民心目中的地位一定会下降。他对你的依赖程度也会降低。周边的国家也会认为他跟天可汗的关系不怎么样，对这个可汗的态度也会降低。这样西突厥可汗在那儿的统治肯定要出问题。如果我们这个使者就是真正的特使，不要去买马，加冕完了就回来。可汗会非常倚重于天可汗，周边的人也会认为这个可汗很厉害，跟天可汗的关系很铁。他倚重你，你要马，不是件很小的事？你要多少马西突厥不能送过来？天可汗明白了，马上派人把钱要回来，不让他买马了。

## 善于提意见的人才

能够提出不同的意见，这是人才特有的标志。魏征呢，还不仅仅是这样。能够提意见是你水平的标志，还要善于提意见。我们为什么要给领导提意见？就是为了让我们的工作做得更好。因为在这个权力结构中，这件事不经过领导，你就做不好，这是我们的组织原则、结构。所以这个意见必须提到领导那儿，领导决定以后才能改变。

所以提意见，第一是要有利于工作，第二是要有利于领导认识到你的意见。最怕就是挺好的意见，表达方式不正确，手法不正确，让领导误解了。而魏征就是一个善于提意见的人。

有一年，出了一档子事。唐太宗的儿子蜀王的老丈人，就是唐太宗的亲家，犯了法，有关部门把他扣押了审问。可是他的儿子又是唐太宗的贴身警卫，有机会跟皇帝见面，就向皇帝告黑状，说我爹犯了一点小错误，就给扣押了，其实他没意见，但是因为他是皇帝的亲戚，所以大臣找他的碴。这一说，皇帝真生气了，开朝廷大会，说了很难听的话，说一定要严肃处理。因为唐太宗是个不怒自威的人，很多人看到唐太宗就紧张，像房玄龄，就紧张了一辈子。

在这个时候，只有魏征能站出来，跟皇帝单挑。但是人家魏征提意见，不是把皇上骂一顿，不是这样。魏征讲了一番话，上来第一句话就说，自古以来，皇亲国戚好为难治。治理天下最头疼的就是皇亲国戚，为什么不能打掉这个硕鼠呢？因为他背后有皇帝做依靠，所以投鼠忌器，大家一般不敢正当地对付他，号称"难治"。但是自古以来，只有我们的皇帝能解决这个问题，为什么呢？因为在武德年间，陛下亲身遭受过皇亲国戚的害。我相信，所有的大臣，不会有人专门要跟皇帝的亲戚找别扭，蜀王的问题肯定是地方官员为皇帝执法，他们没有错。所以陛下一定能够明白其中的道理，一定能够圆满地解决这个问题。

你看魏征怎么提意见的？寓批评于表扬之中，先表扬皇帝能解决这个问题，再批评皇帝处理这个问题的时候有问题。他是重点强调皇帝能解决这个问题，皇帝被表扬了，就觉得自己有点不对。他态度也好了，不处理有关部门了，该怎么做就怎么做吧。

你想想，魏征提意见的方式，是很有道理的。作为下属，想提意见的时候，一定要找到合适的方式方法。贞观时代，不仅魏征是这样，别人其实也是这样。

　　有一次魏征又把皇帝给气了。皇帝就自己跑到皇后所在的宫殿，气呼呼的样子。长孙皇后一看，问今天陛下又怎么了？皇帝说，就是那个乡巴佬让我下不来台，我早晚杀了他。皇后怎么做的？皇后赶快进了里间，换了朝服，拜倒在唐太宗的面前，说我要向陛下表示祝贺。我听古人说，君贤臣忠，只有君主贤德，大臣才会忠诚，魏征这样忠诚的大臣，是因为皇帝你贤德啊。皇帝贤德是万民之福、国家之福、百姓之福。你看人家表达得多好，皇帝还会杀魏征吗？不会了。皇帝才明白，原来魏征的存在是自己伟大的证明。如果长孙皇后不善于提意见，说你这个皇帝怎么当的，连魏征的意见你都接受不了，你小家子气，那会怎么样？肯定真把魏征杀了。人家也是寓批评于表扬之中，根本没有批评的字眼。

　　一定要把领导的崇高感、自豪感、正义感充分调动起来，我们的工作就好办了。如果你偏偏把他狭隘的、自私的和小肚鸡肠的那些负面的情绪调动起来，那你这个工作还怎么做？

　　既然讲到长孙皇后，我顺便再讲一个故事。作为一个下属，不仅要善于提意见，而且要善于处理领导和手下的关系。这是我们作为中间领导人、副手，最麻烦的问题。就是如果你是个中间领导，你的下属得罪了你的领导，你怎么办？领导生气了，那很简单啊，就把下属好好收拾一顿，让领导解解气不就完了吗？通常是这样。但是我们看长孙皇后是怎么做的？长孙皇后是皇帝的皇后，一人之下，万人之上，虽然主管后宫事务，但毕竟是一国之母。长孙皇后辅佐唐太宗的时候，向来以国家为主。有时候后宫也会和皇上发生冲突，特别是女官得罪了皇上，长孙皇后遇到这样的事，每每要"助帝怒"，帮助皇帝一起发火，然后向皇帝申请处置权，说皇帝，这家伙太可恨了，你把她交给我，我一定好好收拾她。皇帝看你同情他，帮他出气，那这事交给你了。长孙皇后怎么做呢？这事就没消息了，她就要等皇上火消了，心平气和的时候才调查处理这件事，最终的结局是一定不能委屈了自己的手下。

我们的领导人，从低级走向高级，总会有中间状态。领导发火，我们通常的做法是什么？就是收拾下级，其实这是帮助领导结怨。然后这个下级就会恨两个人，不仅恨直接处理的人，也恨上边的领导。冤嘛，他当然是不服了。长孙皇后的处理，既不让自己跟手下的人结怨，更重要的是她不让自己的手下跟自己的上级结怨。如果你是一个上级领导，你就要表扬她，因为她没让你跟她的手下结怨，否则的话，这个怨恨越积越多，说不定出什么事。

## 敢于负责的大臣

任何一级领导都应该有他的责权，他应该负责的地方就要负责，这是最重要的。唐朝贞观时代，权力在运行的时候，既很理性又很合理。皇帝很理性，而大臣们也敢于负责。

贞观时发生过一次谋反事件。在蕲州那个地方，有几个老百姓想造反，当地人发现了，就把他们扣押了，然后把相关的人都抓起来，抓了两千多人。朝廷就派了一个姓崔的去判案。他过去一看，抓了这么多人，让这些人洗澡、吃饭，然后一个一个问，问清楚了放，最后剩下十个人，确实有问题，扣住了，结案。这是重大的案件，朝廷要反复调查。

这位姓崔的官员回到朝廷以后，大理寺的其他官员说，崔公，你这事很悬，两千多人被你放得就剩十个，这十个人贪生怕死，肯定说你误放罪犯，你不就麻烦吗？崔公说，我首先想的是人家犯不犯这个罪行，然后符不符合法律条款的惩罚条件，事实必须以法律为准绳。我作为法官不能想这个案件中我有哪些得失，如果是这样，我不就是出卖了法律吗？虽然我也可能判案有不清楚的地方，但是那两千多人被我放了，我就是替他们偿命，我老命没了也值。

朝廷又去复查，结果那十个人没有咬崔公，认为崔公判案很公平。唐太宗也为崔公捏了一把汗，这么大的案件，要是放了真正的罪犯多麻烦啊？而崔公敢于负责。唐太宗听到这个消息很高兴。魏征坐在旁边，就给唐太宗讲了一个隋朝的故事。

隋炀帝的时候，有一个地方发生了拦阻抢劫的刑事案件，皇帝听说以后，要彻底调查，把所有的人都抓起来，也抓了两千多人。报告给皇帝，皇帝说这还得了，这么多人犯案，于同日处斩。有一个法官觉得这事很奇怪，拦阻抢劫怎么可能有两千多人。他一个一个去调查，几乎都是冤枉的，只有五个人是最大嫌疑者，其他的都是没关系的人，但一打就承认了。后来同事告诉他，五个人里也有两个人不对，案发的时候，那两个人在其他地方关着，真正犯案的是三个人。但是尽管他们了解了真相，却不敢向皇帝汇报，皇帝的杀人命令已经下达了，如果报告皇帝会怎么样呢？会不会处分自己，或者顺便把自己也杀了呢？结果两千多人同日处斩，除了那三个人，其他都是冤魂。

那是隋朝末年，隋朝的法官不敢为百姓做主，百姓就成了冤魂。你想，杀两千多人，那破灭了多少家庭，多少人从此走上了反抗朝廷的道路？这种积怨就是社会性的积怨。隋朝如果不灭亡，是不对的。

但是贞观有法官敢于为百姓做主，所以大臣敢于犯上执法，就是维护了法律，维护了社会的公平。法律可能本身是不公平的，但是毕竟在这个法律内有相对的公平。

有一次，唐太宗下令让刚才我们讲的戴胄去检查当官的人有没有弄虚作假。结果清查下来，果然有一个人弄虚作假。是一个小干部伪造吏官，就是说自己原来当过什么什么官，其实没有。唐太宗很生气，做官的人应该为民之表率，你弄虚作假怎么治理百姓？给我杀了。戴胄就起来维护，说这个人是犯罪了，他的错误相当于偷配了城门的钥匙，是要处治，但是不是死罪，不能杀他。唐太宗说怎么不能杀？我说能杀就能杀。戴胄说皇上你说他不是死罪怎么能杀？唐太宗说，你天天说要维护法律，就不想想皇帝的信誉吗？法律是要有信用的，皇帝就不要信用吗？我下了杀人的命令，你不执行，那不也是我的信用有问题吗？

如果我们是下级官员，碰见皇帝大发其火，你怎么回答？涉及皇帝的信用问题，你说怎么办？唐朝的官员就能够抗上执法，戴胄说，法律是皇帝给天下百姓执行的法律，这是国家的大信，皇帝一时愤怒下达的命令也是要讲信用的，但是那是皇帝个人的小信，大信、小信发生冲突，小信应该服从大信。皇帝只能不杀。凡人得服理，这是唐太宗说的话。

所以这样的抗上执法是那个时代的普遍特征。敢于向皇帝提意见，也是普遍特征。

有一次皇帝也是想检查一下领导干部们的廉洁程度，就派一个宦官去试验，给大家行贿。假装说我们家有什么事，你帮我办办，我给你钱。试验的结果真的很不幸，那么大的朝廷，好几千个官员，只有一个人上当了。又是一个小官，接受了宦官的贿赂，准备给宦官办事，没想到是皇帝的忠诚度试验。皇帝抓住这个人，生气了，又要杀人。有一个大臣提出来，不该杀，说法律这个问题就像一条河流一样，你上流清，下流就清，上游已经浊了，下游就清不了。你用犯罪的办法试验别人犯不犯罪，你的办法本身就是不合法的，是犯罪，怎么要求下游清廉呢？这个很有道理，就是说你采集证据的方式不合法，证据就不应予以采用。

唐太宗很高兴，他高兴什么呢？不是免了一个人死不死的问题，高兴的是提意见的这个人。这人姓裴名俊，他是隋炀帝时候的一个奸臣，专门陪隋炀帝干坏事，从来一句反话不敢说，后来隋炀帝死了，裴俊也是有罪的，所以在隋书里面他是入《奸臣传》的。唐太宗高兴的是隋朝的佞臣在唐朝敢于给皇帝提意见，说我们的环境多好，把隋朝的佞臣改造好了，他也敢提意见了。

唐朝贞观时候的故事太多了。大臣们敢于负责，他们最后为谁负责？还是为民请命。所以贞观时候做官的很舒心，做老百姓也舒心。

## 以民为本

贞观时候有一道政策叫"以民为本"，特别珍惜人的性命。每年冬天，皇帝会有一项例行工作，就是到大理寺监狱里审查死刑犯。皇帝见到他会问，你什么罪行，你服不服？如果这个罪犯当着皇帝的面说不公平，我冤枉，按制度规定，这个案子就要换法官重新审理。每一个死刑犯都会见到一次皇帝，想想这有多重要。

唐朝还有一项制度，也是跟人性命攸关的一件事。有一年，唐太宗误杀了一个官员，这个官员犯罪了，但是罪不至死，唐太宗一时发火把这个人杀掉了。杀了以后，唐太宗又想起这个人的种种好处，后悔了，可是人已经杀了。怎么办呢？唐朝的理性精神在这个上面得到了体现，皇帝和大臣一起想办法，说要让这样的事情不再发生，不要杀那些不该杀的人。从此以后，唐朝立刻颁布了新的法律，规定以后皇帝命令杀人，不能立刻执行，如果这个罪犯在京城，要反复上奏五次，这个叫"五复奏制度"，要是在外地，要反复上奏三次，叫"三复奏制度"。

什么叫以民为本啊？以民为本，至少要重视百姓的性命。唐朝这些事，你看起来觉得都特别好玩，甚至有点可笑，但是它确实是以尊重生命为宗旨。这么样一个时代，甚至一个普通的百姓都有可能享受到这种制度。

贞观虽然已经远去一千三百多年了，但是我们今天讲到贞观的很多故事。我还能讲很多故事，同样能够让我们一千三百多年后的人感动。我们会想，一千三百多年前中国的封建帝王都能做到的事，一千三百多年之后，我们有理由比他做得更好。一千三百多年前那些官员敢于为百姓抗上执法，我们今天的人民公仆当然也能做到，肯定还会比他们做得更好。如果没做到，如果做得还不够好，说明我们还有足够大的空间向历史汲取营养，把我们现在的事做得更好。

纪连海

长期从事历史教学工作。中国民生研究院特约研究员，北京师大二附中教师。北京市骨干教师。先后多次登上《百家讲坛》。他的讲座激情澎湃、诙谐幽默、设问解疑、鞭辟入里，极受欢迎。

# 长江三角洲：1645

纪连海

我今天讲座的题目叫《长江三角洲：1645》。就是说，在 1645 这一年，中国发生了什么？

我一直想写两本书，一本叫《大明王朝：1644》，第二本叫《大清王朝：1645》。我们知道，在中国历史上，西周之后又东周，西汉之后又东汉，西晋之后又东晋，北宋之后又南宋，辽之后又西辽，元之后又北元。虽然明朝之后也有南明，但是在所有的后续政权当中，为什么只有南明，所有的史学家都忽略它的存在？这中间，到底有哪些内容？我真的觉得非常值得我们深思。

在 1644 到 1645 年间，到底发生了哪些事？今天我准备讲六个话题。

## 1645 北京：征服者多尔衮的决策

在 1644 年 5 月的时候，随着清军大举入关，清王朝建立了它对全国的统治，明朝已经灭亡。当时清王朝的实际统治者是摄政王多尔衮，他面对这样一个中国：有大清王朝的势力，有大顺政权的残余势力，有大明王朝的残余势力，三方有尖锐的阶级矛盾，民族矛盾。在这种局面下，他采取了六个方面的部署，这六个方面的策略我个人觉得还是对的。当然，我说的这个话题前提是不考虑这个政权是哪个民族建立的，单纯从理性上分析，一个新来的政权要想盘踞这一块地盘，怎么做才能够赢得人心？多尔衮做了六个方面。

第一方面是什么呢？接受旧臣。前明所有投降的大臣，无一例外一律接受。前一个朝代原来给你开多少工资，我这个朝代也依然如此，继续给你开多少工资。这一点其实很重要。中国古代史上不乏这个先例，中国近现代史上这个做法也大有人在。别的不说，1949 年的时候，随着中国人民解放军迅速占领全国，我们党的政策是什么呢？就是接受所有的老师，只要你回到原单位工作，一律继续给你开工资。历朝历代都是如此做的，所以接受旧臣这一件事可以迅速地稳定统治原政权的受益者。

第二个方面，开科取士。这个方面非常重要。我们讲，一个关外的游牧民族，满族人，进入关内后，发现关内的文化明显要比关外高得多，在这种情况下你怎么做？当时多尔衮的谋臣范文程上书，说"治天下在得民心。士为秀民，士心得则民心得矣。请再行乡、会试，广其登进。"也就是说，中国要想稳定，人才、知识分子的支持是第一位的，如何让这些个有知识、有文化的读书人心服口服支持你而不是别人呢？最好的办法莫过于开科取士。而开科取士最重要的不是选举了哪些优秀的人才，最重要的就是开科取士本身。

开科取士本身多重要？ 1645 年范文程出主意，多尔衮当时就接受了，马上颁布命令，"定以子、午、卯、酉年乡试，辰、戌、丑、未年会试。乡试以八月，会试以二月"。1645 年就在实际上开始恢复了科举考试。这第一次开科取士，首科之中，选出的官员出现了多少位所谓的人才呢？4位大学士、8位尚书、15位侍郎、3位督抚，还有都察院副都御史、通政司使、大理寺卿、内院学士等6位高官，其他人也都充实到中央和地方的各级机构中，成为新朝统治的骨干力量。

为什么第一科出现了这么多的人才？其实他们不一定都是人才。为什么要从第一科中选这么多的人当如此高的官吏？就是因为敢报名参加第一科开科取士的人有勇气，你得背叛你的民族，心甘情愿接受异族人出的考试题。所以为了你的胆略，我们就要让你当很高很高的官吏。这些人考试之后，马上就高官任做，骏马任骑。冷静地说，作为一个知识分子，最重要的良心，何在？这给很多读书人带来了很不好的榜样，但是它稳定了社会。

第三个方面就是创建绿营。在明王朝灭亡前夕，简单地说，时间以崇祯皇帝吊死为界，前明士兵全国有60万人。当时的满洲男女老幼一共有20万人。这60万人怎么安排？这60万都是投降的人，昨天可以背叛大明王朝，归顺你，明天他们就可以背叛你再归顺别人，因为他们已经是屡次背叛了。那么这些人如何用？多尔衮想出了一个非常巧妙的主意，就是设立绿营。

当时的八旗分为满洲八旗、蒙古八旗、汉军八旗和打牲八旗四个部分，四色旗子，有的是纯正色的旗子，有的镶上边，这四八三十二旗的兵力总共只有约20万人。其中守卫京营和守卫其他地方驻防两部分各占一半左右。京营旗兵驻京城四周，保卫皇宫和京师，主力是骁骑营、步军营和护军营；地方驻防旗兵分驻各省要冲地点。而与此同时，那60万投降清朝的明朝军队则分散在各地。

多尔衮下令：改编明朝降卒与招募汉人而成的地方军，使用绿旗，故名绿营或绿旗兵。绿营兵除少数配合驻防八旗拱卫京师以外，绝大部分都驻扎在各地，维护地方安全。

第四个方面是严肃军纪。清军入关之后，多尔衮命令旗兵不得滥杀无辜，不得抢掠财物，不得焚毁民宅，凡是抗命者都要受到严厉的处罚。这就初步稳定了社会秩序，减少了普通百姓因为战争而引发的流亡。杀一个人是不重要，关键是影响很坏，所以特意下命令，不得滥杀无辜。

第五个方面，废除三饷。明王朝它灭亡是一个恶性循环。先是东北出现了事，什么事呢？女真人建立了金政权，历史上称为后金，说白了就是努尔哈赤。努尔哈赤在东北经常跟明王朝作对，那么，明朝政府应该怎么做呢？招降。招降，辽东的军队镇压、平定努尔哈赤的军队，那得有钱啊。这就全国按人头摊派，这一摊派不要紧，你想，人头都不一样。这么点钱在扬州不算什么，因为什么呢？我们长江三角洲非常繁华，但这点钱搁在陕北就不一样了，要钱没有，要命一条，所以只有造反了。所以1628年陕北暴动，之后李自成、张献忠先后起义，全国农民起义爆发。

在全国农民起义的时候，中原、南面没有爆发起义。那现在要征用第二个饷，你们没有起义，就问你们要第二笔钱，你还没有反抗，还得向你要第三笔饷。这儿要消灭李自成的军队，得训练新军，要加练饷，谁交这个钱？谁不造反谁交这个钱，这不恶性循环吗？不造反，反而要交钱，一天比一天多，直到你受不了为止。明朝也就这样灭亡了。

满洲人怎么样？到你那儿打仗，这点儿东西一分，没事了，他不收钱。所以清军入关之后，多尔衮紧紧抓住"救民""安民"这两条汉族统治者长期以来总结出来的"祖训"不松口，在进入北京以后，立即宣布废除明末加派的三饷，减轻人民群众的负担。这是一条使全国所有农民都受益的措施！这项措施赢得了中原百姓的衷心拥护，大大降低了平定全国的阻力。

不仅如此，还有第六个方面，就是奖励垦荒。令各地垦荒，永为己业。清初，农业生产收入不好，钱粮征收困难，为解决土地不足问题，范文程提出了在湖广、江西、山东、陕西、河南等主要产粮区实行屯田的建议。这项措施因得到了多尔衮的赞同而逐步推向全国。就是说，谁家垦荒，地就是谁家的，五年之内不收税，五年之后再说。

所以我们说，多尔衮这六个措施一颁布下来，立马天下安定。为什么？没有那么多正义的、有血性的、"不自由毋宁死"的人。

这六个措施挺对的，可为什么这六个措施颁布下去以后，倒引起了江南大规模的反抗？要想解决这个问题，还得从我的第二个题目开始谈起。

## 1645 北京：孙之獬与剃发令

华北、华南再往南，就到了江南。越往南越有这句流传了很久的民谣，"正月里，不剃头，正月剃头死舅舅。"这正月剃头死舅舅，还是少的呢。在北京，还有一些地儿，一年俩月不能剃头：正月不能剃头，正月剃头死叔叔；五月不能剃头，剃头死舅舅。为什么？没人告诉你。

很多人依然恪守着正月不理发的习俗，等到二月二，龙抬头的时候才走进理发店。后来翻啊翻，翻到山东省掖县县志《掖县志·卷二·风俗》揭出了习俗的谜底："闻诸乡老谈前清下剃发之诏于顺治四年正月实行，明朝体制一变，民间以剃发之故思及旧君，故曰'思旧'。相沿既久，遂误作'死舅'。"正月不剃头，原是"思旧"，思明朝之旧，"思旧"，"死舅"，所以正月不能剃头。正月我要怀念祖宗，这给正月不能剃头一个合理的解释，正月剃头就把祖宗给忘了。我们说，姑舅亲，打断骨头也连着筋。

注意这个时间不对，其实清朝的剃发令是顺治二年（1645 年）6月颁布施行的，时间应该是记错了的，不过民谣的含义还是可靠的。为什么别的县没有这种县志，只有山东那边有这个？这要从清朝初年的剃发令说起。

说到这儿我们要注意，汉族人跟满族人的习惯不一样。《礼记》上记载，"身体发肤，受之父母"，丝毫不可以损伤身体发肤。汉族人说，你耳朵上要戴什么东西，可以，但得是别在耳朵上、不能打眼的那种。因为耳朵是爹妈给的，不能在上面扎眼。现在跟过去不一样了，不反对人打耳朵眼儿。"身体发肤，受之父母"，在这种教育之下，以男人为例，18 岁以前因为头发软，可以剃发，18 岁以后就再不可以剃发了，所有的头发都得留着。所以不管男女，一生的头发都很长很长。你看宋朝的官那么大的帽子都不掉，为什么？帽子里全是头发。这是我们汉人几千年的规矩，别的可以变，这个不可以变。

满族人不这样。关外的游牧民族都得剃发。西夏人把中间剃出来，四边留着。以满族人为代表的，是四周都剃，剃四外（头顶四周），留中原（头顶），然后把中间的一股头发梳着。现在电视演的，四周都剃，中原的前半边留着，其实不是那样。

本来关于满汉之间的发式问题在 1644 年就解决了。多尔衮进关后，马上下令全国所有官民人人剃发，并且规定，"留发不留头，留头不留发"。强令官民剃发的举措引起汉人的普遍不满，不久，鉴于汉人的抵制情绪，多尔衮下令罢黜剃发，以收买人心。

1645 年的 6 月 19 日，多尔衮的亲弟弟豫王多铎仍然发出法令说："剃头一事，本国相沿成俗。今大兵所到。剃武不剃文，剃兵不剃民，尔等毋得不遵法度，自行剃之。前有无耻官员先剃求见，本国已经唾骂。特示。"让什么人剃头呢？就是从军官到士兵。当兵的要剃头，这规矩很正常。因为你那么多头发，没法当兵，很容易让人俘虏。所以他的条件很简单，"剃武不剃文"。还有两句，"尔等毋得不遵法度，自行剃之"，谁也不允许没有经过同意就剃头。如果我要不经过同意非得剃呢？那就不好听了，"前有无耻官员先剃求见，本国已经唾骂"。你剃发了再见我，叫无耻官员，因为你是前明的官员，投降我大清也不能把头发剃了。然后后面还有两个字"特示"。

转过月来到 7 月，多尔衮就改变了剃发与否"听其自便"的政策，向全国发布"剃头令"。命令既出，清兵即带着剃头匠，挑着剃头挑子巡行在城镇乡村，挑子上挂着"留头不留发，留发不留头"的牌子，强迫束发者立即剃头梳辫。稍有反抗，就会被当场杀害。有的还被割下首级，悬在剃头担子上示众。

问题在于，是什么原因让多尔衮颁布了前后如此矛盾的命令呢？在历史上这个血淋淋的剃发令颁布的背后，有个汉人降臣起了很大的作用，他就是孙之獬。

孙之獬，山东淄博人。明天启年间的进士，授检讨，后升侍讲。就是进入了仕途，在朝廷里当了小官。孙之獬做官时正是魏忠贤当权时期，阉党吃香，手下好多文臣武将，所以孙之獬也投靠了魏忠贤，着实过了一段好日子。魏忠贤倒台后，明崇祯皇帝下令毁掉由阉党编写的以排斥、诛杀异己为目的《三朝要典》，孙之獬曾抱着《三朝要典》痛哭，为士林所不齿。在这种情况下，他带着对明朝的满腔怒火、仇恨，辞职回山东了。

后来一听说清军入关，他就俯首乞降，高兴。赶忙的，没有经过别人同意，找着剃头挑子，就把自己家人刮完了。自己带头与家人、奴仆一起，剃头、留了辫子，并换上了满装，一心一意在山东等待满洲主子的到来。因为清军刚入关，还没有到山东，他就派人给多尔衮递话，我这个头已经剃好了，你什么时候用我？多尔衮说，还有这样一个奴才，赶紧招。招到北京当礼部侍郎，比明朝官大。但这还不是让他臭名昭著的原因，"剃发令"的倡议才是孙之獬被大家牢牢记住、并被刻在耻辱柱上的最主要原因。

他到北京上朝，一看不是他想的那样。满清刚进北京时，因天下未定，允许明朝的降臣上朝时仍穿明朝服饰，只是满、汉大臣各站一班。满东汉西，满族人在这边一溜，汉族人在那边一溜。可这孙之獬为了独得满清欢心，特地"标异而示亲"。他第一天上朝时变得"焕然一新"，不但剃了发，留了辫子，还改穿了满族官吏的服装。当大臣们步入朝堂站班时，他很自来熟地走进了满族大臣的行列。可满族大臣都自谓高人一等，哪能容忍汉臣孙之獬与之同班？我们这样的优等民族哪有你那样的汉奸，七嘴八舌又你推我拉把他逐出班外，不让他入班。

孙之獬自讨没趣，悻悻然走回汉班。汉臣恨他过于逢迎求宠，一个紧挨一个，毫不松动，不让他入班。汉人那边说，你昨天还站在满人那边，你不愿意当汉人，我们还不愿意要你呢。你别看这些人投降了，但是还有一点自尊。每个人都站得很紧，他想加塞也加不上。站在最后一个吧，他礼部侍郎官也没有那么小，不能要。

徘徊于两班之间的孙之獬进退不得，狼狈万状。那么他到底站在哪儿呢？中间。这孙之獬一怒之下便上疏对满清提出："陛下平定中国，万事鼎新，而衣冠束发之制，独存汉旧，此乃陛下从中国，非中国从陛下也。"就是说你看这个汉人，头发非常重要。他表面投降了，因为发式、服装没有变，所以他心里随时都觉得自己是汉人，跟你们不一样。让表面上投降的人，心里投降，这可比登天还难，怎么做？必须让他剃发易服，留头不留发，留发不留头。

他这一说，多尔衮这时候觉得，我大清王朝已经征得了天下，你这个剃发的事说得太对了，便顺势采纳了这一提议，于1645年7月下达剃发令。清军所到之处，以十日为限，"文武军民一律剃发如满族式样，不从者治以军法"。令出行随，到处可见兵勇带着剃头匠，挑着担子巡行在城镇乡村，担子上挂着"留头不留发，留发不留头"的粉牌，见一个捉一个，强行前额剃发，后脑留辫。就这样，全国改行"剃发易服"。

这个剃发易服本来没有的，是孙之獬站错了队造成的。他这么一弄，就引起了长三角的一个巨大变化。我觉得这个人太可恨了，所以咱们再讲一个1646年的事，稍微超一点儿题目。

话说这个孙之獬，当礼部侍郎，还贪污受贿，别人都讨厌他。你这个人太坏，我们不愿意与你为伍。所以他在朝廷里没有当两天官，就让人弹劾了，撵回老家。他就回老家休息。正好他老家在1646年爆发了农民起义，反清。这个反清的军队一起义，听说孙之獬是自己主动剃头，还让全国的人剃头，就打。把他全家男女老少都打了，"皆备极淫惨以毙"，还留了一个人，孙之獬。把五种毒药混合在一起，染他头皮上。这头皮不就烂了吗？还有，他头顶不是没有毛吗？就在头皮上戳满细洞，人们争相给他插上猪毛，重新"植发"，以惩罚其献媚清廷、首创剃发、残害同胞的罪行。然后把他五花大绑在城里头游街十多天。拿大针把他的嘴给缝上。孙之獬最后肢解碎割而死。还不解气的人们又将其头颅钻洞数个，以稻草插于其中，为孙贼

"复发"并暴尸通衢大街。"嗟呼，小人亦枉做小人尔。当其举家同尽，百口陵夷，恐聚十六州铁铸不成一错也！"此种下场，连仕清的汉人士大夫也不免幸灾乐祸。

这个以出卖祖宗和灵魂为代价来换取好日子的恶棍在风光了几年之后，终于落得个遗臭万年的下场。消息传出，人们无不拍手称快，都说他罪有应得。后来这个孙之獬的老乡蒲松龄作《聊斋志异》，内有《骂鸭》一篇，讲有一个人偷人家的腊鸭，吃了后长了一身鸭毛，且疼痒难当，最后还亏得鸭子主人骂了他一通，他身上的鸭毛才褪去。这个故事也许与孙之獬身上插稻草的事有关。

历来做官的人多有为了利禄而卖身投敌的，但他们一般都要找一个借口来做这遮羞布，例如"被逼无奈""同存共荣"等等，以掩饰自己的汉奸行为。明末有一大批明朝官员降清，他们对外往往说是因为清军帮他们打李自成，为覆亡的明朝报了仇，所以他们降清，似乎很有理。但在做了贰臣后还是有些愧疚的，而且在"以暴易暴"之后，也尽量少去助纣为虐、为虎作伥。孙之獬行为的卑劣，可以说是空前绝后的，即使是以卖祖求荣而闻名的吴三桂，也曾当面劝阻过多尔衮实施剃发令。

《孝经》有云："夫孝，德之本也，教之所由生也……身体发肤，受之父母，不敢毁伤，孝之始也。"三国时期就流传有曹操割发代首的故事。而此时，由于满清强制实施剃发令，对汉人而言，剃头成为了接受异族统治的标志。剃发所带来的传统观念上和政治上的双重耻辱感使汉人愤而反抗，一时间，江浙一带爆发了多起农民军起义，对要求剃头梳辫的剃发令做殊死抗争。足以惊天地、泣鬼神，惨烈之至的"嘉定三屠"和"扬州十日"也由此发生。问题在于，此时的南明政权如何了呢？

这个"留发不留头，留头不留发"，必然会引起江南大量的反抗。长三角地区的反抗不可谓不激烈，但是为什么我们的反抗都没有成功，最终的胜利者还是大清王朝？我们到底应该去思考些什么东西？那么第三个话题，我们就转到了 1645 年的南京。

## 1645 南京：弘光政权

在 1645 年的南京，有一个弘光政权。1644 年三月十九，李自成农民军攻克北京，崇祯皇帝吊死。到了五月初三，明朝宗室朱由崧在南京监国。五月十五，正式即皇帝位，改元弘光，这个就是弘光政权。弘光政权建立伊始，就是两拨人，内部矛盾重重。一拨人是阉党余孽，另外一部分是东林精英。东林党以史可法、高弘图、姜曰广、吕大器等为代表，阉党以马士英、阮大铖、刘孔昭等为代表。

早在晚明，两党之间就开始了激烈地纷争，到弘光时，两党的争斗更加激烈。这两拨人，拥两个人。阉党拥护的是福王朱由崧，他根正苗红，也是万历皇帝最喜欢的儿子的后代，万历的嫡系子孙。当时，这东林党看中的是谁？看中另外一个人，潞王朱常淓。这个人根上也是万历子系，但是问题是不是大老婆的，不是正的。过去讲"嫡亲长子"，所以他们就"立贤"还是"立长"，这一点发生了冲突。

史可法这个人什么都好，就是犹豫，这多简单的事啊？他还要征求意见。这边征求意见，而阉党那边就立了，这个皮球就踢到史可法这儿来，史可法你同意不同意？史可法就默认了。这一默认不要紧，你想，人家福王肯定对你有怨言，很快这个心就偏向了阉党，对方立马就得势了，两边人就掐起来了。东林党中央不服气，天天和阉党闹不对付。我们必须考虑到另外一个问题，现在是民族矛盾高于阶级矛盾。我们是先攘外还是安内，是先处理外部的事还是内部的事？肯定有分歧。阉党本来想妥协了，但是东林党太过正直，眼里不能有沙子，导致双方都没有台阶下。结果阉党先开始发难，把史可法发配到扬州，告诉他，你的任务就是率领北边的四个镇。这四个镇的人没有听史可法的。

对吴三桂带领清军大举入关这个问题，整个弘光政权采取了一个错误的政策。从上到下，都高喝一声好，写了两封信。第一封信给吴三桂，说你做得好。对吴三桂的做法表示赞赏，犒赏他为举国公。第二封信给多尔衮，告诉他，我们非常感谢你的行动，希望你们继续努力，戒骄戒躁，把所有李自成的余孽都消灭掉，我们将来把燕山以北都送给你。

谁需要你感谢啊？人家都占领了你那么大一块地。这个做法是错的。那个时候应该是联合所有的汉族人对付满族人，但是他不。第一是起义军跟政府之间有矛盾，第二是政府内部，东林党和阉党有矛盾。我们很难想象，这么一个小小的南明王朝，这个时期在这种政策之下，能做出什么样的行动。当然，这个王朝宏观上的腐败是我们所有人都能够感受得到的。在这样的时刻，我们说，南京的陷落只是一个时间问题。不过说到南京陷落之前，我们首先得说到什么呢？首先就得说到 1645 年的扬州。

## 1645 扬州：史可法抗清与扬州十日

先来介绍史可法这个人。史可法是河南祥符，也就是现在开封人。非常好学，有一次进京赶考，因为穷住在一个破庙里，一边读书一边睡着了，有一篇写好了的文章放在桌上。当时正好东林党的著名人物左光斗也赶到这个庙里休息。左光斗看见这个人睡着了，悄悄拿起文章阅读，不禁爱不释手，感叹说，我的儿子不少，但都是窝囊废，将来能接我班的，能继承我事业的，就这个孩子。他解下自己所穿的皮衣，轻轻盖在这位年轻人的身上。从寺里僧人处得知，这个青年名叫史可法。

左光斗是干吗的呢？这次是调到北京主持科举考试去的。所以他把史可法叫醒，赶紧随我到北京考试去吧。这一考，史可法当然就考了第一。这中间有没有后门咱们不说了，反正左光斗这个人就相中了史可法，然后史可法在北京当了官，最后还担任了兵部尚书。

在这个中间，出了一个事，左光斗被阉党迫害，抓进了大牢。当时，史可法还没有当兵部尚书那么大官呢。想探监，人家阉党不干，最后史可法倾家荡产，把自己家卖了，换了点银子去送礼，这才见了一面。结果见了面，看到自己的老师由于受了火刑而面孔焦烂，膝下筋骨也脱露出来，抱着老师痛哭，我不出去了，我替你死。

这个时候左光斗讲，傻孩子，人家正想把我们一网打尽，你不出去我抽你了。当时左光斗身上有手铐脚链，马上举起手砸向他，吓得史可法当时就跑。其实他不是吓的，是被老师的精神所感动，我必须得出去，忍辱负重。后来左光斗死了，阉党党人也死了，史可法就成为了兵部尚书。

到了弘光政权时期，首次商议国策。我们且不谈这阉党和东林党之间的矛盾，这东林党内部也有矛盾。为什么呢？东林党内部也发生了争执，两帮人嚷嚷起来。我们的策略是什么？一个说是大举北伐，一个说是稳住江北，保护江南。主张大举北伐的这些人，刘宗周、陈子龙，主张我们应该不管南方，他打咱们，咱们也应该打他，先回打北京，再打东北，把满洲人彻底赶回关外。史可法当时不是这么想的，他认为我们要保护江南，而守住江南的前提是守住淮河到长江这一块。结果在讨论的时候，刘中周和陈子龙两个人听不下去史可法的话，一气之下辞职了，东林党内部分成两派。所以最后人家阉党取胜，史可法被发到扬州。

史可法到扬州的时候，多尔衮给他来信招降，史可法马上就给多尔衮回了一封信，说了两个意思。第一，对于吴三桂邀请多尔衮率清军入关替大明的先帝报仇一事表示万分感谢。第二，我宁死也不能归顺你，不是为了别的，是为了江山社稷。我是大明朝的臣民，要对大明王朝尽忠。你看他还是很矛盾。

这个时候，史可法在南明政权中已是力不从心，被排挤出南京到扬州督师后，根本不能指挥四镇那些骄兵悍将，因此也无法做出抗清的有效布置。史可法孤身一人守卫扬州，他在回复多尔衮的时候，已经对自己拒绝投降的立场有了深刻的理解——这将是一种生死的选择。

1645 年 5 月 12 日，满清豫亲王多铎进逼扬州，清军进至距离扬州北边 20 里处下营，史可法当时刚刚从南京渡江回到江北。第二天，5 月 13 日，清军兵临城下，史可法马上调集各镇人马保卫扬州。但是谁都没有来，不但谁都没有来，还有人在这几天里不战而降。5 月 14 日，四镇中高杰部提督李本深率领总兵杨承祖等向多铎投降，还有四镇总兵刘良佐也投降多铎。

当时，满清大军兵临城下，扬州危在旦夕，后果不难预料。这时候的史可法是极为矛盾的。史可法连续给他的夫人写了两封信，一封信写道："法死矣。前与夫人有定约，当于泉下相候也。"在他死前四天写给妻子的第二封信写道："法早晚必死，不知夫人肯随我去否？如此世界，生亦无益，不如早早决断也。"信中流露出他对现实世界的深深厌恶。他从来没有像现在这样，对时局看得如此清楚。他知道无论是他个人，还是他所尊崇的南明朝廷，很快就要灭亡了。我们可以从信里看出，史可法当时一定是抱定了必死的信念。但是他这种必死的信念背后有些许的无奈。这个世界生亦无益，南明王朝赢了又如何呢？赢了也是一副破烂江山，活着还不如死了好。正是在这种绝望的情况中，史可法已经默默地准备着他的死。但无论如何，史可法准备即使去死，也不投降。由此他成为中国历史上最著名的爱国英雄之一。

由于扬州城墙高峻，清军的攻城大炮还没有运到之时，多铎并没有下令立即进攻。他先后连续写信五封，派人招降史可法。史可法都是马上当众撕毁烧掉，严词拒绝，给多铎回信："从来降将无伸膝之日，逃兵无回颈之时。"

虽然史可法死志已决，但是他的手下并不是这样，陆续有人出城逃跑。总兵李凄凤和监军高歧凤带着本部人马，出城向清军投降。面对这些人的出城逃跑，史可法怎么做呢？他开了一个会，集合全体官兵，训话。"此吾死所也，公等何为，如欲富贵，请各自便。"我是要死在扬州这儿，你们要想富贵赶紧走，我一个都不留。然后竟然以倘若阻止他们出城投降恐生内变为理由，听之任之，不加禁止。你别说，他说完还真有走的，陆陆续续人是越来越少，城里的守卫力量就更加薄弱了。

史可法将与扬州共存亡，但史可法已经无法保住扬州，扬州城已经是危急万分。到 5 月 19 日深夜，清兵用红衣大炮轰塌城墙，"城上鼎沸，势遂不支"。5 月 20 日，史可法正指挥军民堵缺口，大批清兵已经蜂拥着冲进扬州城来。史可法眼看扬州城已经没法再守，拔出佩刀就要往自己的脖子上举刀自刎，随从的将领们上前把这个刀给抢了下来。部下把他连拉带拽带到小东门。清兵冲进来，看见史可法穿着明朝官员的装束，就吃喝着问他是谁。史可法怕清军伤害别人，就高声说："我就是史督师，你们快杀我吧！"说实话，人家也不想再留你了，写了那么多信，你也不投降。于是史可法遇害，死时44岁。同时很多人殉难。

史可法死了，清军进入了扬州城，在这种情况之下，扬州城绝大多数人依然没有选择投降。清军很生气，当时清军的首领多铎也非常生气，你这么一个小城凭什么抵抗我？于是就有了恼羞成怒下令屠城的"扬州十日"。

有史籍记载，十天之间，前后杀戮人数约八十万人。有的人不相信，说这个"扬州十日"真假不好说。扬州有八十万人？持怀疑态度，认为这都是野史。我倒想信正史，可中国哪一部正史是真的百分之百可信的？

扬州居民除少数破城前逃出和个别在清军入城后隐蔽较深、幸免于难以外，几乎全部遭遇屠杀，"城中积尸如乱麻"。王秀楚依据亲身经历写了一本《扬州十日记》，对清军自5月20日至5月25日在扬州的暴行做了比较详细的记载，如5月22日，"杀声遍至，刀环响处，怆呼乱起，齐声乞命者或数十人或百余人；遇一卒至，南人不论多寡，皆垂首匍伏，引颈受刃，无一敢逃者。至于纷纷子女，百口交啼，哀鸣动地，更无论矣。日向午，杀掠愈甚，积尸愈多，耳所难闻，目不忍睹。"直到5月26日才安官置吏，"查焚尸簿载其数，前后约计八十万余"。

扬州八十万人殉国，一方面体现出了战争的残酷性，但同时我们也可以看到，缺乏一个强有力的组织者。我在这里没有责备史可法将军的意思，史可法一个"肩不能担，手不能提"的文人，能做如此指挥已经很了不起了。史可法作为一个爱国者，他是称职的，在这个方面他完全可以和文天祥相媲美。也确实是这样，我们一提汉族人的血性，总是第一个文天祥，第二个史可法，至今仍说史可法是一个民族英雄，但是作为一个军事指挥家，史可法还是稍微欠缺了点。

所以在这个时候，有的人就会发出这样的疑问：史可法，你的在天之灵看到正是因为你的抵抗，你所在的城市有八十万人，随你而去，你忍心吗？但问题不能这么说，这么说的话，那我们心甘情愿当亡国奴就完了。我们要问，这八十万人在追随史可法去的时候他们有怨言吗？没有怨言。

当时，还有一件事。史可法有个养子，史德威。当时也想在战争中突围，没有突围成，被人抓住了。抓住以后，豫亲王多铎命令前面杀死高杰的许定国审问史德威。当时，清兵从史德威的身上搜出一封信，是史可法亲笔写给多铎的信："败军之将，不可言勇；负国之臣，不可言忠。身死封疆，实有余恨。得以骸骨归葬钟山之侧，求太祖高皇帝鉴此心，余愿足矣。"多铎当时看到这封信非常感慨，说不能杀史德威，他还有一个事未了，让他把他爸爸埋了。因此史德威访遍了扬州城，想找史可法的骸骨。死了八十万人啊，哪儿找你爹的骸骨去？最后史德威无奈，只能回到自己家，找了几件史可法将军穿的衣服，用过的笏板，埋葬在扬州城外的梅花岭。这就是现在还保存的史可法的衣冠冢，没有尸首。

无论史可法的才能如何受到后世质疑，史可法死后，立即在南明士绅中被视为抗清复明的英雄，备受敬仰，被汉人认为是仅次于文天祥的民族英雄。后来他也受到了乾隆皇帝的大力推崇。

洪承畴被满清派到南京任招抚江南大学士时，有人在乌龙潭写了一副对联："史册流芳，虽未灭奴犹可法；洪恩浩荡，未能报国反成仇"。对联中巧妙地镶嵌了史可法和洪承畴二人的名字。

扬州城破后不久，弘光帝逃至芜湖靖国公黄得功军营中。刘良佐在降清后，亲自带兵捉拿弘光皇帝。1645 年 6 月 15 日，清军俘获逃奔的弘光帝朱由崧，弘光帝抓住之后被杀。

扬州陷落了。作为第一座抵抗的城市，尽管付出了血的代价，但是扬州军民还是名垂青史的，这一点任何人都改不了，所以我觉得也恰恰是这最为辉煌的一笔，填补了扬州过浓过重的文人色彩。

## 1645 嘉定："坏事做绝，好事干尽"的李成栋

接下来我们说第五个问题，另外一个城市，1645 年的嘉定。

这里我们要说到李成栋。这个人太怪了，我们历史上再没有比李成栋更麻烦的人。这历史上的名人，我们不说无名小卒，名人大致分成几类。第一类，誓死保卫旧的王朝，以身殉国，在明末清初这种人数不胜数，例如史可法、张煌言、夏完淳等等。第二类，在国家、民族最需要他的时刻，毅然投降对方，结果身败名裂，比如洪承畴、吴三桂，甚至祖大寿、耿精忠、尚可喜等等。到了清高祖乾隆皇帝修明史时候，还在说，这样的人，昨天是明朝大臣，今天是大顺大臣，明天又是我大清朝大臣，这种三姓大臣永远写入"贰臣传"，盖棺定论，永世不能翻身，这样的人我们历史上太多太多。但是有一个人怪，这个最怪的人就是我们讲的李成栋。我们可以先用八个字来形容这个人，叫"坏事做绝，好事干尽"。

在波澜壮阔、血肉横飞的明清交替之际，唯独有一个人的人生历程难以用"忠"或"奸"加以定夺，更难以用"好"或"坏"来加以形容——"扬州十日"大屠杀中有他为清兵卖力杀戮的身影，"嘉定

三屠"则完全是由他一人屠刀上举、发号施令而造成的惨剧;他是击灭南明诸帝之一隆武帝朱聿键的"首功"之将,还是生擒绍武帝朱聿𨮁的"不替"功臣,又是满清攻灭南明江浙、福建、两广等广大地区的第一功臣。他对明朝做绝的那些坏事,罄竹难书。但是,不可思议的是,也恰恰是突然之间,这个人良心发现,摇身一变,又变成南明永历皇帝的不贰忠臣,与金声恒、王得仁一起在南中国"反正",重新成为明朝的"忠臣义士",而且蹈死不顾,死而后已。为报答一位红颜之死,这位曾经杀人不眨眼的、三心二意的将军最后竟能置安危于不顾,"乱流趋敌",赴水而亡。他死后被南明最后一个皇帝永历皇帝亲口谥"忠烈"二字,赠太傅、宁夏王。这个人就是臭名昭著、大名鼎鼎、难以定论的明末大人物李成栋!

"扬州十日"大屠杀中有他的身影,"嘉定三屠"中有他的身影,南明两位皇帝死难是他一手作为,但这个人到他一生中最后 100 天的时候幡然悔悟。这个人在明末清初之际在所有的汉人当中是最典型的一个。

李成栋原来是李自成手下大将高杰的手下。高杰后来投奔了明朝,李成栋因为高杰归顺了明朝,他就归顺了明朝。后来高杰担任了总兵,他就在高杰手下担任徐州总兵。再后来高杰被手下人杀掉,李成栋就带高杰的妻子一起投降大清。他投降大清的第一件事就是攻打扬州,攻打完扬州,史可法殉难,他就进了扬州城。他是进扬州城的急先锋。扬州八十万死难的人,当中有很多都是他杀的。

当时满清委派前明官员张维熙担任嘉定城的知县,张维熙进入县城之后,发了告示,留头不留发,结果嘉定百姓愤愤不平,拒不从命。在 1645 年的 8 月 8 日这一天,嘉定城反了。这一天嘉定军民议论纷纷,推举两家,一家是侯峒曾,一家是黄氏兄弟。侯峒曾在朝廷里当过很高的官，三品，现在退休回家了。侯峒曾和他的两个儿子，侯玄演、侯玄洁，以及进士黄淳耀及其弟黄渊耀这五人倡议反清复明，被推举为城防首领。在侯峒曾和黄氏兄弟的指挥下，城中民众不分男女老幼，纷纷投入了抗清行列。1645 年 8 月 10 日，为鼓舞士气，侯峒曾下令在嘉定城楼上悬挂一面"嘉定恢剿义师"的大旗，正式反清复明。

话说这个李成栋，占领了扬州之后，官升一级，继续南行。嘉定绅民起义反清后，已经是清吴淞总兵的李成栋立即领兵五千攻打嘉定。嘉定城没有军队啊，侯黄五人一商量，马上派密使前往在苏州与松江一带活动的复明分子吴志葵那里，请求立即给予支援。八天后，盼望已久的吴志葵的援军终于到了。他们派了 300 多人来支援，结果当然被人打败了，转眼间就被李成栋的部队拦截击溃。

这种情况下，侯氏父子、黄氏兄弟和嘉定城的老百姓都意识到，他们只有完全依靠自己了。侯峒曾、黄淳耀等人本来想借用城外乡兵遏阻清兵，可是，乡兵都是临时组织起来的农民，根本没有作战经验。人数虽多，实际上处于一种无序、无领导的状态，难以同正规清军作战。8 月 21 日，双方开打，才一交锋，乡兵就不战自溃，"走者不知所为，相蹈藉而死"。许多人被挤入河中淹死，"尸骸乱下，一望无际"。不过乡兵经常能消灭一些小股的清兵，李成栋的弟弟就在乡兵的一次伏击中被杀死。于是李成栋恼羞成怒，亲自率领全部人马进攻城北的娄塘桥。大部分乡兵都聚集在这个地方，上万的农民就在这里被杀死了。

8 月 23 日黎明时分，在红衣大炮的隆隆炮声中，李成栋下令攻城。次日城破，清军占领了嘉定城。看到守城不成，侯峒曾奋身投入池中要自杀，但是被人拉了上来，还有一口气，最后被斩首，他的两个儿子也被害。黄氏两人跑到西林庵，对庙里的僧人说，"大师急避，某兄弟从此辞矣"，你们赶紧出去避难，我们兄弟两人要在这里自杀殉国。此时，这当哥哥的马上提笔来在墙上写字，"遗臣黄淳耀于弘光元年七月初四日自裁于西城僧舍。呜呼！进不能宣力皇朝，退不能洁身自隐。读书寡益，学道无成。耿耿不灭，此心而已！异日寇氛复靖，中华士庶再见天日，论其世者，当知予心。"哥哥说完、写完的时候，看到自己的兄弟已然悬梁自尽，于是他在兄弟的旁边也悬梁自尽了。

当时李成栋看到这嘉定是中国第二个敢于抵抗的城市，马上下令：杀！于是清军"家至户到，小街僻巷，无不穷搜，乱草丛棘，必用长枪乱搅"，一心要杀个鸡犬不留。当时的惨景，就是一幅活的人间地狱图，有亲历者朱子素的《嘉定屠城略》作证："市民之中，悬梁者、投井者、投河者、血面者、断肢者、被砍未死犹动者，骨肉狼藉。"

但嘉定城的抵抗并没有结束，就像扬州抵抗并没有结束一样。李成栋在占领这个城市之后，留了一些人马驻守，自己又继续向前。在他走了之后，幸存的嘉定老百姓又偷偷地溜回家了，因为故土难离。溜回家之后，有两千多人在一个义士朱瑛的领导下，重新集结起来，展开了反屠杀运动。

因为李成栋留下的人不多，他们今天杀两个，明天杀五个，这样李成栋留下的人就被杀得没几个了。剩下的人就跑去找李成栋。李成栋任命的新县令浦嶂为虎作伥，领着狂怒的李成栋的军士直杀入城里，把许多还在睡梦中的居民杀个精光，积尸成丘，然后放火焚尸。浦嶂不仅把昔日几个朋友娄复文等人整家杀尽，还向李成栋进言："若不剿绝，必留后患！"清军杀得兴起，嘉定惨遭"二屠"，葛隆和外冈这两个城镇被夷为平地。据说，在"二屠"之后，嘉定的富人与穷人已无区别了，富人也都是穷人了。

抵抗还没有结束。此时嘉定城本来已经平安无事了，但是，李成栋属下有一个人，他这个时候觉得，给大清朝卖命，这不是为虎作伥吗？这样的事，将来被写进史书，我死的时候跟祖宗说什么呀？我的子孙们怎么见人？于是他造反了。1645 年 10 月 15 日，绿营把总吴之藩造反，率部猛攻嘉定城，周边民众也纷纷响应，竟在突然之间杀得城内清兵大溃出逃。此人本是吴淞守军将领冯献猷部下，后来投降李成栋。但这是一次无望的起义，吴之藩所率领兵民大多未经过作战训练，在李成栋整军反扑时很快就溃不成军，吴之藩也死了。李成栋恼怒，嘉定再遭浩劫。连平息吴之藩的造反外带屠戮平民，嘉定城内外又有两万多人被杀，这就是嘉定第三屠。

"嘉定三屠"，城里城外死了小十万人。诸位，"扬州十日"我们尚且可以说有满汉对立的影子，但是这个"嘉定三屠"没有一个满族人，里外都是汉族人自己倒腾。李成栋进行了"嘉定三屠"之后，又继续前行。

1645 年，弘光帝死了，而郑家已是全国闻名第一的海盗，谁都打不过。日本、韩国，还有台湾地区，这一块儿谁都怕他。明朝政府打他不过，把他收了。招安以后他又变成官兵。这个时候他又拥护隆武帝当帝，企图北伐。

在这种情况下，隆武帝想打，但是手下不给兵，自己一人出得城来，招兵买马，招兵九千，与清军一战失败。失败以后，隆武帝立志御驾亲征，郑家的兄弟却先后降清。清军满世界追这个隆武帝，隆武帝变成了御驾亲逃。后来朱聿𨮁在广州监国，而后称帝。李成栋下令继续追击，当时朱聿𨮁继续逃跑，后来终于被活捉。所以南明两个皇帝，一个被杀死，一个被活捉，都死在李成栋这里，李成栋当时是非常的牛气。朱聿镈这个人很了不起，被人活捉以后，人家给他水喝，他不喝，自己趁人不注意悬梁自尽而死。

李成栋面对的第三个帝王就是永历皇帝。永历皇帝也是南明唯一一个做得长久的皇帝，好歹也从 1646 到 1662，当了 16 年的皇帝。他的爸爸是明神宗的第七子。面对着清军的追击，永历皇帝不断地逃跑，从庐州到桂林，然后继续逃跑。话说他手下有一个人，就是当初拥立他当皇帝的人之一，叫丁魁楚。当时大军逃跑，丁魁楚说，你们走，我掩护。你知道他家有多少金银财宝？装了满满 30 大车，几千吨，运不走。他想的是什么？他事先就给李成栋写信了，李成栋说，你在那儿等着，我马上见你。所以人家在逃跑的时候，他在游览长江。当李成栋进入广州城、进入梧州城以后，跟丁魁楚说，你赶紧来见我。双方见面，马上酒席伺候，大饮三天三夜，这回吃饱喝足了。当时李成栋下令，"上！"上什么呀？最后上的一道菜是刀，左右刀斧手把刀架在这个丁魁楚身上。丁魁楚说，你让我死，给我儿子留一条小命。李成栋马上说，杀。丁魁楚的儿子马上就死掉了，他还把人头放在丁魁楚的身前。没得说了吧，丁魁楚就这样死掉了。丁魁楚死掉之后，李成栋马上竖立起异旗，反清复明了。后来被杀，他的一生结束了。

你搞不明白吧，我也搞不明白。李成栋自己临死前肯定会想，我这一辈子都做了什么？你说他是五十步还是一百步，哪个都说不好。

## 1645 江阴：江阴八十一日

我们再说最后一个城市，1645 年的江阴。

江阴我们比较清楚的是"江阴八十一日"。江阴这个城市是先投降的，早在1644年就投降了。到1645年，清朝的知县方亨继任，他赶上一个倒霉事，就是多尔衮重新下令"留头不留发"。这一天，他正式接到这个命令，一贴出去，结果江阴城的老百姓就堵在衙门门口，说你身为知县，让我们留发不留头，你不觉得寒碜吗？方亨自己的头发也没有剃呢，因为前面接到的命令是"武剃文不剃"。他被老百姓骂了之后，寒碜了，退回去了。然后召集诸生百余人及乡绅、百姓，会于文庙。众人问道，现在江阴已经归顺，应该没有什么事了吧？方亨道，只剩下剃发了。老百姓说，不剃不行吗？他说，这是满清律法，不可违背。说罢就回衙了。诸生许用等人聚集不去，在明伦堂共同立誓道："头可断，发绝不可剃！我中国男儿岂可失身！"

正在这个时候，常州府的布告传达下来了，方亨赶紧回到县衙里面，让手下的师爷抄这个告示，贴到各处。结果当时手下的书吏抄到这句"留头不留发，留发不留头"时，义愤填膺，把笔扔在地下说，"就死也罢！"于是乎扬长而去。这个消息很快传遍全城，江阴立刻沸腾起来。方亨马上写信出去，转告常州知府，你赶紧派人来杀。这封信正好被孔庙的学生给拦了下来，于是他们冲进县衙，杀掉了方亨。江阴义民又推举陈明遇为首，以"大明中兴"为旗号，正式反清复明。江阴义民起义的消息传开后，满清常州知府宗灏派兵丁三百人赶来，被江阴义民歼灭于秦望山下。而后，江阴军民在陈明遇的带领下，又多次打退小股清军的进攻。

到了8月12日，清朝的一个归多铎管辖的叫博洛的贝勒，派汉奸奴才刘良佐统重兵保卫江阴城，前后有十四万人。当时江阴城里有九万七千多人。8月21日，刘良佐开始攻城。面对困难重重的形势，陈明遇知道，自己作为一个文人，没有力量抵抗。我有这个心，没有这个智慧怎么办？他马上想起了退休的典史，阎应元。他类似于我们现在的公安局长，退休了，不在家里，在农村。陈明遇派了16个人去接这个阎应元，阎应元还挺矫情，说先传令下去，你们一人给我写一个保证书，谁不听我的，我立马可以杀掉他。你们都这么写，我才去。这些人都写了，交给阎应元。阎应元这个时候偷偷地潜入城中，毕竟是公安局长出身，先调查户口，谁家有多少男丁。然后老弱病残回家，所有的男丁，十个人一组，守一个城门，每一个城门垛，每一个窟窿，留十个人，每队守卫四小时，六个队轮流。由武举人王公略守东门、汪把总守南门，陈明遇守西门，阎应元自任守北门。阎应元和陈明遇还兼昼夜巡查四门的责任，对城中过往行人严加盘查，肃清内奸。在阎应元的领导下，很快就做到了人尽其才，物尽其用，各方面工作做得井井有条。

8月31日，清楚北门最重要的清军开始进攻阎应元镇守的北门。城上矢石如雨注，清军不敢接近，主帅刘良佐大怒，马上派人进攻。他命令上将九员先驾云梯上城。而城上以长枪刺之，上将五死四伤，有的身中三箭，有的被砍去头颅，有的坠下摔成残废，有的被火箭烧死。刘良佐更怒，下令继续进攻，传令十营内选猛将几员，步军三万，扎云梯十张，从十个角度攻城，如有退者立斩。阎应元指挥的城楼上做得非常好。一时间乱石纷飞，炮火连绵，双方死伤不计其数。

当时江阴的抵抗，确实是智慧的较量。前后一共抵抗了81天，每天的进展我这儿都有，就不说了。这就是阎应元和史可法的区别。阎应元手下没有军人，但是阎应元懂战术，知道怎么守，所以江阴倒守了81天。我们只说最后的这一天，10月10日。

打了81天，清军用了300门大炮来轰门。阎应元这个时候已经在东门了，因为东门更加危急。东门的城门被轰塌了，当时阎应元看到自己无路可逃，于是下令备上纸墨笔砚，自己走到城楼上，在城门上写了一幅对子，"八十日带发效忠，表太祖十七朝人物；十万人同心死义，留大明三百里江山。"他环顾左右说，为了谢百姓，要拔刀自刎。但是已经来不及了，被清兵包围俘获。清兵想杀他，而攻打这个门的刘良佐很早就认识阎应元，说，且慢，刀下留人，要跟他见一面。

这个时候阎应元被押到刘良佐这里，刘良佐踞坐在明佛殿，见阎应元来了，一跃而起，两手拍着阎应元的背就哭了。阎应元说，有什么好哭的，事已至此，只有一死，速杀我。而博洛贝勒在县署，急忙把阎应元要到堂上。阎应元挺力不屈，背向贝勒，骂不绝口。一个士卒以枪刺他的小腿，阎应元血流如注，不支倒地。博洛命人把他关到栖霞庵。当夜，寺中僧人听到"速杀我"的声音，天明时，阎应元终于遇害。阎应元死了之后，他家里男女老少一家十三人举火自焚。

再说我们讲的那个陈明遇。当时陈明遇杀到最后，自己已经断气了，还依在城门边上没有倒。训导冯厚敦，自缢于明伦堂，妻子与姐姐投井而死。再说那个中书戚勋、诸生许用，都举家自焚而死。诸生许王家，被清军拘押时，有人劝曰："君故明一诸生，未食天禄，何以身殉？"王家曰："君臣之义，岂论仕与不仕？公等复言。"书生笪某，被清军抓获之后，刑前叹曰："我一介小人，今日得之士大夫之烈，为忠义而死，死之犹生也。"临刑神色不变。

江阴军民视死如归，以身殉国之精神，真可谓"惊天地，泣鬼神"矣！这个时期江阴人自己还有一个歌，这个歌可能对别处的人不敬。歌中唱道："宜兴人，一把枪。无锡人，团团一股香。靖江人，连忙跪在沙滩上。常州人，献了女儿又献娘。江阴人，打仗八十余日，宁死不投降。"10月11日，清军开始屠城，江阴百姓或力战到底，或坦然就义，都以先死为幸。妇女多贞烈，投河而死；七岁孩童毅然就义，无一人顺从。清军屠城两日后，"出榜安民"，城内百姓仅剩"大小五十三人"而已。

这就是江阴，整个江阴城最后搜查到所有的幸存者还留有53个人。江阴城外，被杀的肯定都是清兵那边的，九万多人，江阴城内被杀的有十万人。

1645年，长江三角洲的故事还有很多很多，我们今天就只能讲到这里。

方志远

　　江西师范大学历史文化与旅游学院院长，国内明史研究的权威学者，他对明代政治及制度、明清江西移民与商人、明代市民文学与社会思潮等有深厚研究，著述颇丰。先后在《百家讲坛》主讲"万历兴亡录""国史通鉴"等专题。

# 古今眼光看明朝那些事儿

方志远

## 西汉和明朝："得国最正"的朝代

在中国古代，有两个朝代特别值得关注。一个是西汉，一个是明朝。为什么觉得这两个朝代特别值得研究呢？有个明清史前辈学者叫孟森，他特别喜欢这两个朝代，他说这两个朝代的皇帝"得国最正"。什么叫作得国最正？就是得到这个政权最理直气壮。是什么原因呢？

汉高祖刘邦过去当什么？一个亭长。亭长是什么？居民委员会主任，不拿工资的。最后他凭着自己的人格、能力、运气，推翻了暴秦，创立西汉，孟森认为这才是真正的英雄。

还有另一个英雄，是个和尚，叫朱元璋。他没有任何家庭背景，父母双亡，活不下去，到凤阳皇觉寺出家当和尚。然后因为自然灾害，寺主遣散众僧，只得到处流浪。回到庙里的时候，红巾军闹革命，他就觉得在庙里很危险，不知道什么时候官军打过来或者起义军打过来。于是有朋友劝他入伙，加入起义军。其实他并不愿意。如果在庙里活不下去又怎么办呢？拜佛，请佛祖拿主意。于是他抽了九个签，凡是说出去闹革命都是大吉，凡是说留在庙里苟且偷生都是大凶，于是他毅然投入到革命队伍，参加了红巾军，所以实际上他参加农民起义完全是个偶然，而中国历史上却因此又多了个平民出身的皇帝，明太祖朱元璋。

无论是刘邦还是朱元璋，都没有接受过前朝任何职位，没有吃前朝任何俸禄，所以他们理直气壮。相比之下我们伟大的唐太宗，他得国就不是太正。因为唐太宗的父亲李渊，接受了隋朝的爵位。"唐国公"是个高级领导，却乘着农民起义反对隋朝时火中取栗，带着一支兵马直往长安。那个时候隋炀帝还在扬州，他就把长安打下了，这个太负于良心。还有宋太祖赵匡胤，北周对他不薄，给了他殿前都点检，那是什么官职？军事统帅。然后周世宗去世，小皇帝继位，孤儿寡母，他便改朝换代。所以孟森先生说这两个朝代建立政权的过程都不太道德，欺负孤儿寡母。

## 西汉：从极盛到社会矛盾激化

前辈学者从人性的角度来看，觉得西汉和明朝得国最正。那么我呢，我不是从这个角度来看，我是从社会发展提供历史教训的角度来看。我觉得西汉和明朝，他们经过两百多年的统治而且比较少地受到外界的干预，主要是内身发展，经历过恢复、发展、繁荣、强盛，然后逐渐走下坡路，最后不得不灭亡，所以我觉得这两个朝代是发育比较完整的朝代。

通过对这两个朝代的分析，或许我们可以得到一些历史教训。做历史的祖宗司马迁提出，做历史的宗旨，就是"究天人之际，通古今之变"，要知道人与天的关系，要知道历史发展的规律，这才是学历史的最高境界。而司马光也把自己的书叫《资治通鉴》。什么叫作"资治通鉴"？为现代服务嘛。我们很多学者说："学术就是学术，跟现实没有任何关系。"有些学术确实是这样，比如说古文字学，它确实跟现实一点关系都没有，它研究出什么就是什么。但是，作为研究，历史必然和现实有联系。因为我们的现实就是从历史一路荆棘走过来的，历史是我们现实的一面镜子，没办法回避。

那么西汉很有意思的是，汉高祖建立西汉以后，中途出现过一个小小的插曲，那就是吕后和她的侄子们，想把刘家的天下变成吕家的天下，结果后来汉朝的大臣们举行了一场宫廷政变，把吕氏压下去了，于是汉朝走入到正常发展阶段。通过压制什么异姓王、同姓王，通过"文景之治"，通过汉武帝的开疆拓土，西汉达到了一个极盛。但是这个达到极盛的过程，同时也是产生社会矛盾的过程。

西汉到了汉文帝、汉景帝的时候，实际上已经出现了社会问题，到汉武帝的时候社会问题更多了。我们不得不佩服西汉的统治者，他们想尽了各种办法来解决社会矛盾。伟大的汉武帝甚至低下高贵的头，向全国人民发"罪己诏"，就是说，很多事情我干错了，我要重新改过。这个非常困难，所以我对汉武帝极其佩服。不仅仅佩服他能够开疆拓土，而且能佩服他这么一个伟大的、对中国的发展作出这么大贡献的汉武帝，能够向全国人民道歉。虽然是这样，但政策的转变是很难讲的，所以西汉实际上还是按照过去的轨道在发展。当然统治者已经纠正了一些非常明显的错误，但是矛盾越来越激烈。

汉朝统治者在中国历史上做出了空前甚至绝后的举动。什么举动？把刘姓皇帝请下台，王莽改制，建立新朝。实际上是汉朝统治者为了解决社会矛盾，为了用最小的代价来解决最大的社会问题，进行的一场政治改良。但是这一次没有做好。为什么没有做好？一个非常重要的原因是社会矛盾积压到了一定程度，通过最高层的社会改良换换招牌，把姓刘的换成姓王的，把汉朝换成莽朝，这不可能解决社会的根本问题。还有，他们进行这种改革的目的是什么？是想把姓刘的皇帝作为所有既得利益者的替罪羊，通过让姓刘的下台，来维护他们的利益。所以虽然王莽上台后推行了种种改革，但凡是涉及既得利益者利益的时候，这个改革他就推行不下去。于是发生了绿林赤眉起义，王莽倒变成了刘姓统治者的替罪羊，结果刘秀做了皇帝。

实际上这段历史是很有意思的。我觉得西汉的统治者表现出一种意识，他希望通过自己的主观努力，改变社会发展的进程。这个努力是很可贵的，所以我说西汉的统治者、西汉的历史是很值得研究的。可惜我的主要精力不是研究西汉，而是研究明朝。

## 明朝：276 年的有效管辖

建立明朝的明太祖 25 岁起兵，大明帝国一共 276 年，如果以真实地统治中国的时间来说，这个朝代是非常长的。唐朝从公元 618 年到 907 年，看上去时间很长，但是安史之乱以后，他的政令已经很难达到很多地区，藩镇割据很厉害。明朝从公元 1368 年建立，到公元 1644 年李自成于农历三月十九进入北京前，对整个中国实行了有效的管辖，统治时间特别长。

但也出现许多波折。明成祖发动了兵变，靖难之役，推翻了自己的侄子。靖难之役后，明成祖做皇帝做了 22 年，国家很强盛。明朝所有对外关系上表现辉煌的事情，大体上都是明成祖做的。像郑和下西洋，还有一个叫亦失哈的宦官带着军队在黑龙江一带游弋，那是中国打到北方最远的一支部队，还有开拓西边的疆土。所以明成祖做了很多丰功伟业。他死了以后，他的儿子、孙子对他的政策进行了改变，但是这个改变是否对？历史上各有说法。有些历史学家认为，如果明成祖后继有人，郑和下西洋继续下去，我们中国就不是现在这个样子了，我们中国也许就到了美洲去了，也许就不是哥伦布发现新大陆了。

前些年有个好玩的事情。一个英国的业余爱好者发表言论，说找到了郑和的船队到达美洲的证据，所以他说最早发现美洲的不是哥伦布而是郑和。结果我们明史学界一片哗然，觉得很丢面子，这么重要的事情，不是被我们中国人发现的，而是被一个洋鬼子发现的。所以国内一片喊打声，说是假的，没有的事。最近我们在长春，在辽宁师大还在谈这个事情。有几个专门研究郑和下西洋的，有个同学问他们，郑和是不是真的到了美洲，他们说"绝无此事"，但是我的一个朋友，故宫博物院的赵中南先生就说，"你也不能说绝无此事，也许他有一支小分队到了那里也说不定"。如果进一步推导，我说倒也不一定是小分队，因为船一到海上，到底怎么走，有的时候就不由自己了。海风一来，飓风一来，怎么知道会被刮到什么地方去呢。也许是一两艘船，也许是三五艘船，被太平洋的一个什么暖流吹弄到那边去了，漂了几年到了美洲，然后美洲被发现也未尝不可。

但有另外一些学者认为，明成祖的所作所为违背了一个农业国家本身的发展状况，明朝是农业立国，没有很大的资本去支持一个庞大的船队隔几年就下一次西洋。尽管我们在座的各位在中学教材里看到郑和下西洋有着许多的伟大意义，其中包括经济交流利益，这个经济交流利益确实是有，但是从财政部长户部尚书的角度来说，这是个非常麻烦的事情。为什么呢？因为从中国带过去的，往往是从老百姓那里征收过来的瓷器、丝绸、棉布等，好不容易弄到一点银子，然后从西方、南洋换过来树木、胡椒之类吃饭当不了饱的。户部拿过来后补贴官员的工资，官员都觉得很讨厌，你拿米过来多好啊，可以填饱肚子，拿那么多胡椒来我又卖不出去。这也可以看出各民族的生活习惯是不一样的。

我可以这样说，历史上凡是朝贡贸易，对中国来说都没有经济意义，有的只是政治利益。所以郑和下西洋没有推动国内什么需求，和哥伦布发现新大陆、麦哲伦环球航行相比，它的经济推动力是不够的，它更多的是一场政治行为。而政治行为缺乏经济支持的时候，是难以维系的。所以我最近发表了一个言论，说郑和下西洋实际上是战争机器的一种惯性运转。因为明成祖靖难之役这个仗四年就打完了，打完后军队怎么办？复员是很困难的。大家知道，希特勒打下了欧洲大陆之后还要打苏联，拿破仑占领欧洲大陆以后还要打俄国，这不是愚蠢吗？你把欧洲大陆管好了不就可以吗？我一直思考这个问题，后来突然悟出一个道理，当战争机器启动以后，只有两种力量可以使它停下来：第一是它本身的惯性，内力不足了它必须停下来；第二是外力，强有力的打击使它必须停下来。实际上拿破仑也好，希特勒也好，都是这样。通过战争，资本家发财了，地主发财了，工人有就业机会了，将领得到荣誉了，士兵发财了。如果战争停止怎么办？国民经济没有办法转过来，它必须继续运转下去。

所以我在我们明史学界发表了一个观点，郑和下西洋，实际上是战争车轮的继续运行。一个车轮往南，把现在的越南当作我们的一个省打过去，郑和下西洋这又是一支部队，东北又是一支部队，打蒙古有一支部队，西北有一支部队，当这几支部队打完以后，战争车轮才停下来，没办法再打下去。通过这件事，明朝由明仁宗、明宣宗统治开始，进入到中国传统的轨道上：农业经济、商业、科举考试。

读过一些明史的，甚至是读过中学历史的，都知道明朝在建国80年前后发生了一件重大的事情。它是公元1368年建立的，在公元1449年，也就是明英宗正统十四年，发生了一个非常大的事情。怎么大呢？蒙古的一个瓦剌部，建立了一个很大的集团军事力量，向北京一带进军，目的就是抢东西，抢粮食、牲畜、人口。明朝这个时候的皇帝应该说还是英勇的皇帝，所以这个皇帝死了以后给了他一个庙号叫"明英宗"。

实际上，如果说打仗，他是没有什么本事。明英宗50万大军，在土木堡全军溃败，明英宗被俘虏。我们的历史教材这一条写得就不对，说"土木之变"以后，明朝开始由盛转衰。没有的事，明朝的日子还长得很。一个皇帝抓走了没有什么关系，我们明朝又立了一个皇帝，叫明景帝。蒙古人拿着这个明英宗后，说你们看，皇帝都被我们抓住了，你们赶快给我多少多少东西。明朝告诉他，那个皇帝已经没用了，我们现在有新的皇帝了，那个皇帝你留着吧，弄得蒙古人一点办法都没有。

而于谦领导北京人民和军队跟蒙古人打仗，这个才是英勇。大家如果有兴趣去看《明史》，《明史》的传里第一个单独为一卷的，不是皇帝，就是这个于谦，他对明朝有再造之功。当时有的人觉得不要北京了，我们到南京去，因为我们的都城原来就在南京。但是于谦顶住了，其他的大臣也顶住了，所以在北京和蒙古进行了一场战争，结果打败了蒙古，保卫了北京，明朝继续向北推进。那么这样一来，明朝的发展实际上进入了另外一个多元化的阶段。

## 明朝发展的三个阶段之一：单一价值观

那么这样一来，明朝就有一个持续发展的过程。这个持续发展的过程，我把它分成三个阶段。

第一个阶段是从明朝建国到它八十年的时候，这个社会大概只有一个价值观念，就是仕途——做官。为什么这样？有很多年轻朋友受西方的那个所谓民主制、议会制的影响，觉得我们中国为什么不搞这个？但是在我看来，每个国家它建立一个什么样的体制，和这个政权的形成有很大的关系。明太祖开创明朝，就是通过战争形式。战争最容易产生军事统帅，而军事统帅的一个基本的内在的核心，就是一个人说了算，就是独裁。当这个战争机器一旦转变为国家政权的时候，军事统帅转换化为国家领导，他仍然是采取一元化。中国历代都是这样做的，所以明太祖也一样。

明朝刚建立的时候问题很多，经过二十来年元末明初的战争，人口死亡很多，土地大量荒芜，国家财政收入比较少，大家都是穷人，这个时候国家急需恢复和发展经济。而这个时候明朝国家政权刚刚建立，它的统治应该是很高效的。另外，统治者的构成大体上都是一穷二白的流氓无赖。这样一来，明太祖和他的儿子，就是明成祖，就继承了农民起义的传统。农民起义的口号是什么？杀富济贫。但我说他们是杀富济国。

明太祖在公元 1367 年，还没有建立明朝的时候，打下了苏州，苏州原来是张士诚在那里。他打下了苏州以后就称吴王，定都在南京，离扬州不远。当时天下最繁荣的地方在哪里？一个苏州，一个松江（现在的上海）。于是明太祖干了还没有做皇帝之前第一次杀富济国的事情。他把苏、松的富户，就是有钱的人，全部迁到他的老家凤阳去。所以凤阳现在的老百姓有很多来自苏州和松江，也有我们江西的。这是第一次。

第二次在洪武二十四年，朱元璋要求又把苏州、松江、浙江、江西、福建、湖广的富人迁到南京去。迁到南京去干什么呢？填补南京，使南京繁荣起来。富人来了，细软带得多，可以高消费，就能使南京繁荣起来。所以明朝的时候有几个"都"，南京叫"仙都"，我们扬州是"花都"。

各位注意，为什么说把富人迁到凤阳、迁到南京就是杀富济国而不是杀富济贫？这些富人占有大量的土地，他一迁到凤阳，迁到南京，就要去开垦荒地。那么他原来在苏州、在松江、在江西的田怎么办？原来的佃户该怎么办？

按照明朝的规矩，如果这田是农民自己的田，每亩是收三升三盒、三升五盒的税。这个税收是很低的，三十税一，就是每三十份的收入国家取一份。但是如果是官田，政府掌握的田，你耕种就是收五升五盒的税，这个也不多。但是这些富户迁走以后，国家把地收过来，叫作"没官田"。什么叫没官田？就是没收富人的土地。这些地都是产量非常高的土地。然后佃户就由地主的佃户变成了国家的佃户。每亩收多少税？五斗到一担，最高是两担。这样一来，诸位说是不是杀富济国？国家的税收高了，农民实际上并没有得到好处。

特别好笑的是在洪武二十七年，明太祖又命令户部把天下的富户全部进行统计，看看我们大明统治下到底多少人是有钱的人。后来他孙子建文皇帝即位，四年以后被他儿子明成祖推翻了。永乐年间，明成祖把都城从南京迁到了北京，与此同时，按图索骥，根据他父亲统计的手册，把天下的富户迁到北平，就是现在的北京。所以我说他父子两个进行了一场接力，老子为儿子铺垫好道路，你以后要迁可以按照我的图来迁就可以。

《红楼梦》的作者曹雪芹，其先祖就是在永乐二年，从我们南昌某个地方迁到河北丰乐，然后再由河北丰乐迁到铁岭，再生出曹雪芹，这是一种逆向的移民活动。这样一来，在明朝的前期，有钱人都变成了国家的打击对象。个人不能掌握过多的社会财富，你一多国家就要打击你。但是这个国家也要给老百姓一点盼头啊，什么盼头呢？做官。

明太祖建立明朝的时候，还有知识分子对新建立的政权持不合作态度。你要我做官？我瞧不起你。你皇帝什么出生啊，一个和尚而且还不是有等级的和尚，于是不去做官。明太祖是很有个性的人，我给你官做你不做，好，杀了。而且还制定了法令，叫"凡都士族赋予君用力"。什么意思呢？在我的统治下，我要你做官你就要做官，你不做官说明和我不合作，不合作说明有敌对情绪，有敌对情绪我就杀了你。

后来明太祖在洪武三年发布通告，所有文官必须通过科举考试来进入到我这个朝廷，如果没有通过科举考试，只能做吏不能做官。这个官和吏差别很大，比如办公室主任他是最底层的官，到了办事员就是吏了。官和吏阶级非常鲜明，极难转变。

在这段时间，只有通过科举走上仕途，才是国家认可的、唯一的、体现自我价值标准的这么一条出路。所以我说从洪武时期到正统时期，也就是到"土木之变"这段时期，明朝的价值观念大概只有一个，那就是做官，谁能够做官谁才有出息，谁能够做官谁才能光宗耀祖，谁能够做官谁才能够体现人生价值。

但是这有前提。第一，那个时候的经济欠发达，大家都在为温饱而努力。第二，政府能够强有力、高压地统治社会，所以说那个时候的政治形势是严峻的。

关于政治形势的严峻，大家都知道明太祖做了很多很好玩的事情。其中一件，是贪官污吏贪到五六十两银子，就剥皮拆骨，把你杀了，把骨架子撑起来，把草塞进里面去，然后就树在县衙门面前，吓吓新任的知县，新任的县委书记兼县长。有的官员头一天早上去上班，跟老婆告辞，然后老婆看到下班人回来了，就放心下来了，夫妻两个觉得今天又多活了一天，明天能不能活不知道。但只用暴力是解决不了根本问题的。所以明太祖自己觉得，贪官污吏怎么杀不尽呢，还越杀越多。

当时经济比较落后时，自然经济、自耕农还占主导地位。但是随着社会经济的发展，随着温饱问题的逐渐解决，随着社会财富的逐渐积累，有钱人也开始多了起来。这个时候统治者成分也发生了变化，由原来的流氓无财者，都变成了有财者。这样一来，便对有钱人开始宽容。

一个政权刚刚建立的时候，政府能够非常高效地控制这个国家，一般能组织群众发挥当地宗族的力量和地方社会的力量来兴修水利，所以抗拒自然灾害的能力就比较强。另外国家这个时候刚刚打完大仗，而打仗的时候又死了一批人，所以人口负担不是那么重。农业国家能够有两到三年丰收，甚至连续三到五年丰收那是不得了的，粮食就可以储存到粮仓里面了，所以明太祖、明成祖、明英宗这个时候，国家建立了很多粮仓。一般来说，要求一个县建四个大粮仓，分在东、西、南、北，一旦发生自然灾害，便把粮食给予灾民。

## 明朝发展的三个阶段之二：二元化的社会

但是明朝政权经过一段时间的统治以后，开始出现问题了：政府的统治力没那么高效了，水利兴修没那么勤快了，很多水利失修了。另外一方面，在明太祖、明成祖的时候，国家的法律非常严，惩治贪污腐败的力度非常大，但是过了三五十年，打击力度逐渐小了。人都是有欲望的，所有粮仓不断向上级报告，说我们粮仓还储存了多少斤、多少担粮食，实际上都是虚数，那些粮食有些腐烂不能吃了。因为储备粮食很困难，要通风要透气，要倒仓，两三年必须把旧粮食卖出去，把新粮食运进来，很麻烦。这样一来，有些地方官吏就和当地富人、流氓地痞勾结起来，把国家的粮仓掏空了，而国家还以为粮食很充足。结果一发生自然灾害，小灾变大灾，大灾变特大灾。

但是在明朝开始五十年到八十年的时候，政府还非常负责任，还是按照原来的套路，一边减少税收，一边开仓济民。但是一开仓就发现粮食不够了。怎么办？老百姓要饿了，他一定要有动作，一定要去打土豪分田地，所以当地的地方官就把富人组织起来，看如何是好。隔壁的县农民饿了，富人不把粮食拿出来，最后穷人把富人都杀了，你们怎么办？你们只能把粮食拿出来，我们官府借你们的，等丰收了以后我们还你。实际上这一般都是有借无还的，但富人还是把粮食拿出来解决了当地的问题，这也成为一条解决自然灾害，拯救灾民的常用办法。

从正统二年（公元1437年）开始，政府向全国表彰了十大"义民"。表扬他们捐出一千担粮食来拯救灾民。所以从这一年开始，陆续有富民捐粮食，捐得政府很感动，于是政府就官方文献里面，留下每一个捐到一千担的人的记录，还分批进行表彰。当地政府也要立碑进行纪念，说根据皇帝的指示给某人立碑作纪念，他就是义民。这个家里就很有面子。

过了三年以后，到了正统五年，有一个官员就向皇帝打报告，说南方的百姓给一千担粮食不是什么太大的事情，北方的富庶要给出一千担粮食是很困难的，所以国家这样表彰没有体现出地域的差别，希望给北方一点优惠政策。结果明朝政府同意了这个主张，北方捐五百担粮食给义民称号。于是掀起了一场富民捐粮食的高潮，这个很有意思。

我们所有的学者研究到这一段，都认为这是明朝解决灾害、救济灾民的一个很好的办法，我也认为是一个很好的办法。但是我认为这个事情更大的意义在于政府观念的转变，由过去的杀富济国转变到承认个人财富的合法权。而且政府开始采取赎买、表彰、交换的方式来换得社会财富。

明英宗正统时期是给捐一千担粮食的人以义民的称号，到了正统皇帝的弟弟明景帝，就不但给予这些捐粮食人义民的称号，而且给以冠带。什么叫作冠带？就是政府官员的待遇。而到了明英宗通过"南宫之变"重新做皇帝以后，又加大了力度。如果你能够捐到七匹马，或者六百担米，就可以有一个儿子，或者弟弟到国子监去读书，这意味着你就拿到国家编制了，而且可以直接参加科举考试，一出来就可以做官。那么这样一来，社会出现了第二种价值观念，"财富"的观念。这样一来社会就开始两元化。

有志向的青年、有理想的青年，也不一定要通过科举考试。因为有些人考到死，也考不取，就像现在考大学一样。考不取怎么办？我经商去。

我有一段时间研究我们江西的商人，叫江右商，其中有一个周松冈使我很感动。他父亲很早去世了，他那个时候 11 岁，和哥哥在私塾里面念书，还有个弟弟，有个妹妹。他每次同哥哥放学回家，看到母亲在田里劳动就很难过，觉得自己对不起母亲，所以他在 13 岁的时候不读书了，跟着亲戚经商去。后来成了一个小商人，于是让他母亲不要再下田了，并帮助他哥哥继续读书。但是这个哥哥肯定读书不太好，因为没有看到记载说考进了官学，或者是考进了举人，更没有看到考中进士。但是周松冈帮助他哥哥和弟弟娶上了老婆，同时把他妹妹体面地嫁了出去，他自己也能够养家糊口。

周松冈死了之后，他儿子就把这个商人为家里承担责任的事告诉了我们江西的一个状元罗红先。罗红先是嘉靖七年的状元，在明朝是个很著名的人。结果罗红先为周松冈写了个很长的墓志铭，最后用几句话来概括他的精神，"使予而儒，母氏劬劳；使予而商，身劬母康，吾何择哉！"什么意思？"使予而儒"，就是假使我继续读书，"母氏劬劳"，母亲很劳累；"使予而商"，假使我去经商，"身劬母康"，我自己劳累了，但是母亲安康了。

所以我后来在文章里写，这为天下读书人指明了另外一条道路。你干吗千军万马过独木桥，考科举？你可以做生意去。也正是在这种理念的推动下，徽商，晋商，我们江右商，纷纷崛起。那个时候几乎在瓜分市场，徽商瓜分的是运河一线，还有东南地区；晋商瓜分的是西北地区的边贸；江右商瓜分的是西南地区，特别是西南的矿业。

所以社会财富催生出又一个价值理念。这个集体总量对于推动明代社会的发展、推动明代商品经济的发展起了重大的作用。这大概是在明朝建国从五十年到一百年的时间里所发生的事情。

## 明朝发展的三个阶段之三：多元化社会的产生

到明朝建国一百年前后，事情有了新的发展。中国有句话叫作"衣食足，思淫欲"，温饱问题解决了，吃饭和穿衣问题解决了，就开始追求享受。这是非常正常的事情。

明朝做官蛮困难的。我告诉大家一个数字，明朝做知县多少薪水？国家规定是 40 两银子，但是拿不到这么多，最后拿到手上的法定收入，是 1 担大米加上 1.9 两银子然后少许胡椒。1 担大米就是 120 斤，1.9 两银子可以再买 4 担大米，那一共就是 5 担大米，5 担大米 600 斤，但一个知县用来买米的钱是自己全年收入的一半。

随着温饱问题解决了以后，他要求精神享受，比如说希望打打牌、听听戏、赌赌博。喜欢玩，喜欢娱乐，喜欢养生。这样一来，为社会提供这种服务的人就越来越多。明朝过去出版的印刷品一般都是宣传那种节妇、烈妇、孝子、贤孙。但是到了成化年间，开始宣传治病的、养生的、房中术、黄白术、引导术，还有各种各样的话本小说、各种各样的戏曲都出来了。那么有一批人因为这些作品而变成社会名流，发了财。

我们苏州一个很著名的文化人，祝枝山，他画画很厉害，写字也很不错，不断有朋友请他写。朋友一请他写，他就说拿银子过来。放 20 两银子在这里，然后画竹子一挥而就。20 两银子购买力相当于现在 4000 元人民币。朋友欢天喜地把画捧着手上，还没出门，他说，回来回来。朋友说干什么？他说，银子拿走。朋友说你这画画不是要润笔费吗？我这个银子还是借过来的。他说，我哪里真缺这 20 两银子？但是你这 20 两银子不放在这里，我画画就没有激情，没有灵感，所以你必须把银子放在这里。这说明什么？文化人也公开标明价钱了，以前是绝对不会做这种事的。

于是一条观念就出来了，说"命运低，到山西"，什么意思？如果你官运不好，派你到山西去做个知县或者知州。为什么呢？第一，山西是苦寒之地，生活比较艰苦，而且冬天气温比较低；第二，盘踞在河套一带的蒙古人经常过来。当年的地道已经出现了，山西很多人家里都挖了地道，蒙古骑兵一过来，马上钻到地道里面去躲避。所以官员在这里就很苦，也发不了什么财，还有生命危险。

还有人说"命运低，到江西"。江西人有一个特点，"好诉"，又叫"好讼"，就是好打官司。江西人打官司有三个特点，第一是形成了一个职业，讼师，专门给别人写状纸，帮人家打官司；第二是越诉，动不动跑到北京去告状，按我们现在来说是上访；第三是告官。所以在江西做官想弄一点钱很不容易，一旦弄了一点，可能就被揭露出去了。

我看了一个笔记，在清朝的时候有一个官员，用高利贷贷了两千两银子，然后买了一个知县做，是实缺知县，不是候补的，候补不知道什么时候补得上。上班的第一天他就问吏，说这个官怎么做？吏知道他的来头，他不是考科举过来的，也不是家里有钱买上的，而是借高利贷借过来的，知道他想动手了，要收回成本，赶快还高利贷。因为高利贷后面一定是黑社会，会使用暴力，你不还，可以杀死你。结果这个吏就告诉他："一年清，二年浊，三年贪。"你要把官场的这个游戏规则弄清楚，第一个阶段要做清官，第二个阶段做稀里糊涂的官，别人得你也得一点，第三个阶段你就可以做贪官了。但是这个家伙觉得这个等待的时间太长了，那个高利贷的利息，利滚利，不知道滚到多少了。所以一开始，第一个五十两银子，用现在的购买力，一万块钱，他就收下来了，收下来立即就被揭露出来了，立即被发送，成本都没有收回来。

那么这样一来，明朝初年，"仕途"是唯一的价值观，到了明朝建立五十年前后，第二个价值观——"财富"开始出来，到了明朝建立一百年，"文化"开始出来了，很多文化人都通过自己传播文化产品而变成比较富裕的人。所以这样一来，社会就出现了三条路：你如果有本事可以去做官，可以去经商，可以去玩文化。这个文化是广义的文化，比如说编戏曲、写剧本以及各种各样的文学作品。文化这一条，狠狠地加大了社会财富的流动。而且在商人里头，越是注重了文化因素，他赚钱赚得越多。我们江南一带出了很多当时非常著名的文化人，像祝枝山，唐寅，文征明等等。

当然，那个时候最有钱的还是做生意的人。像《金瓶梅》写到，当时的山东巡抚正在交接班，有一个姓宋的七品官巡按御史正要上任，西门庆就希望原任的巡按御史请这个新任的巡按御史吃顿饭。这个吃饭不是很简单吗？这个御史过去了，抬头一看，这一桌餐具全是用银子打造的。西门庆为了请这一桌客，一套餐具就是两千两银子，相当于用四十万人民币一套的餐具请你吃饭。吃完饭以后餐具带走，送给你。结果这个御史坐了一阵子，喝了一盏茶，起身走人，弄得西门庆一点面子也没有。西门庆，一个商人，可以豪阔到这种程度。一个知县一个月才能拿到 1.9 两银子加 1 担米，这太不称了。

在明朝一百年前后，出了一个怪事。那个时候是成化皇帝，明宪宗。他不断地派宦官拿一张纸片到处串门，传奉圣旨，封某某某为某某官。开始的时候大家都还在意，后来发现越来越多，甚至几百个人都没有经过组织程序，全是宦官念皇帝的一张纸片诏令。负责官员选拔任免的吏部根本不知道。开始的时候，吏部第二天上朝时还要问有没有这么一件事，皇上说是的，于是任命。后来根本不请示，直接任命就是，这变成明朝一百年前后一个怪现象。

成化皇帝成化二十三年死了，就是公元 1487 年，明朝建国一百二十年的时候，后来我一统计，之前有 4700 人是这样任命的，叫"传奉官"。这变成一大社会祸害，为什么呢？第一，冲击了原来的官员任命制度。因为明太祖规定，凡是文官都必须经过科举，现在这一帮人不但不经过科举，连向国家捐钱也不要了。第二，国家每年用很多钱养这一批人，给国家的财政造成困难，所以喊打声一片。

后来我进行了一下统计。这 4700 多人，其中 1300 多个是手工业工人，1200 多个番僧，300 多个书法家和画家，200 多个民间文学家，100 多个黄白术家、星象术家、房中术家等等。通过统计发现，这些传奉官绝大部分都是那个时候非科举考试的各个专业的顶尖人才，都是在玩文化的人。他们不符合太祖高皇帝传下来的那种一定要读孔子的书、一定要考四书五经的正道，所有做明史的人都对他们进行谴责，唯独我对他们进行表扬，我认为这是在社会转型期间的一种新鲜事物。社会转型期间，社会的一种合理需求往往以一种怪诞的方式体现出来，但是以后就见怪不怪了。

此外，300 多个书法家和画家，200 多个民间文学家，民间创作文学艺术实际上对于社会变革也能产生巨大地推动。再大的权威，再道貌岸然，在文学作品的嬉笑怒骂中也会轰然倒塌。他这种道貌岸然就原形毕露，说明文学作品有的时候在社会转型的过程中起的作用很大。所以明朝那个时候，文化领域一展开，文化产品一出现，第三个价值观念它就出现了。

于是，明朝开始进入到一个多元化的阶段，他不是一条路，是多条路。明朝多元化社会的产生，还不仅仅是三条价值标准的出现，还出现了三大中心。

自从迁都到北京以后，北京一直作为明朝的政治中心、经济中心、文化中心，它把三大中心连为一体。但是，随着社会财富开始成为社会第二大价值标准，随着苏松地区经济的复活、发展，包括我们扬州、常州、镇江，浙江的杭州、嘉兴、湖州以及我们江西的一些地方，构成了一个大的经济圈。这样一来，经济中心就不在在北京了，就移到以苏州、松江、杭州、嘉兴为中心的这一块江南地区。这样一来，苏松就变成一个经济中心，那么经济中心和政治中心它就分离了。还有一个，苏州、南京以及我们扬州成为了文化中心。

## 多元化社会带来的问题与后果

这样一来，明朝的多元化就出来了，这就是明朝一百年前后所产生的状况：北京虽然依然是政治中心，以它的政治力量来统治全国，同时也得到江南经济中心的基础，但是江南却可以在文化层面上俯视北京。所以在晚明的时候，出现的诸多问题都跟这个有直接关系。

第一，三个价值标准的出现和并存，就导致了三个价值标准的交叉错位。

走仕途的一看到社会财富起来了，做官太贫穷了，他一定想拿到一些财富。同时看到文化人很潇洒，希望有多一些文化。商人觉得做官也很潇洒，所以希望通过自己的捐赠来博得一个什么冠带，同时觉得文化人在这里弹唱，也想附庸风雅。文化人一看，光靠出售文化产品也很困难，要建一个产业，多弄一点钱才好。

这样一来，不同的社会价值标准在很多人身上交错，变成一大社会问题。这个时候浙江余姚人王阳明提出一个理念，说"问道德者不及功名，问功名者不及利禄"，什么意思？"问道德者不及功名"，你搞学术的就认真搞学术，不要汲汲以求去做一个什么官，否则你这个人的人格独立性一定会扭曲。"问功名者不及利禄"，你如果是做官的，你应该一心一意对待朝廷给你的任命，不要去想到要发多少财。

第二，自从"文化"出现以后，作为一个社会价值标准，政府对社会舆论越来越失控，这样一来，整个社会思想意识就涣散了。

从成化特别是嘉靖以后，是文学家、思想家的思想在引导着社会思潮，是苏州的消费在影响全国的消费。到万历年间，出现了一场很好的辩论。苏州的王锡爵做大学士时，把常州的东林党领袖顾宪成找到办公室谈话。他跟顾宪成说，我告诉你，现在出了一个可笑的事情。顾宪成说，出了什么事？他说，庙堂之是非，天下必反之。什么意思？我们内阁做的决策一发布，你们所有人都反对它，这怎么行？顾宪成说还有一个很好笑的事。王锡爵说，还有比这更可笑的吗？顾宪成说有，比这更可笑的，天下之是非，庙堂必反之也。我觉得这是一种悲剧，国家没有统一意志了，一个国家它只有多元而缺乏一体，必然导致社会破产。

第三，越到明朝后期，社会经济越发展，文化的影响力就越大，江南地区所起的作用就越来越大。

这样一来，朝廷里的官位，都被江南的、江西、浙江、福建的几家瓜分。因为这些地方考科举考得很多，而西北、东北在中央政府里基本上没有话语权。这样一来，当经济、文化发达地区为在国家争取到更多的份额而欢欣鼓舞的时候，那些在朝廷没有话语权的地区，就舞枪弄棒闹革命了。所以，明朝最后垮台就垮台在没有话语权的地区东北和西北同时动乱。

第四，明太祖有很好的法令，也有很糟糕的法令。他把自己所制定的政策都当作祖训，要求后世不得违反，而他的子孙有很多不管国家的事情。所以当社会发生变动的时候，没有人敢对国家承担责任。

明朝没有宰相，只有内阁，内阁受制于司礼监，司礼监代表皇帝。尽管我是做明史的，我跟我们明史的同行说，明朝的经济政策远没有清朝那么灵活。什么原因？因为清朝的皇帝亲自过问政事，清朝的皇帝亲自承担责任，所以他能够具有灵活性。雍正皇帝可以不买康熙皇帝的账，乾隆皇帝同样可以改变雍正皇帝的做法。但是明朝不行，明朝只能在不争论中微调，等到出现大的问题的时候，你争论也来不及。这大的问题、包括海上的问题、西部的问题、内部的问题、矿业的问题，等等。

明朝还存在一个问题，当经济、文化发展的时候，主要的人才和力量都放在发展经济和文化上，军队的作用受到忽视。

我们说，养兵千日，用在一时，但这好说不好做。养兵需要大量的投入，而且需要非常严格地训练，要了解周边民族，要根据周边集团的动态改变战略方针。但是明朝和宋朝一样，军人受到排斥，军队受到了忽视，所以这边社会在发展，文化在推进，另一边军队的战斗力在下降。

所以我说，明朝到一百年的时候，走了一条中国古代凡是有一定时间规模的国家和政权都走过的道路：逐步实现多元化，但在社会进步的过程中出现了问题。经济繁荣导致贫富不均，社会自由导致思想涣散，文化经济的发展导致国家控制力下降，多元化的出现导致一体化的瓦解，每一次都出现乐极生悲的情况。

所以研究明代这一段的历史，我们确实应该看一看它那里头有哪些好的东西。研究历史必须有两种眼光：第一种是当代的眼光，我们可以看出它有哪些教训；第二种是历史的眼光，我们可以知道当时人的时代局限性。这样的话，我们才可以把历史真正当作一面镜子，来推动我们的社会进步。

隋丽娟

哈尔滨师范大学社会与历史学院副院长、硕士生导师。主要从事中国近代史的教学和研究工作。2006年入选《百家讲坛》，并主讲了"说慈禧"系列节目。善于用女性稀有且独有的幽默感染她的聆听者。

# 近代史，慈禧无法绕过

隋丽娟

提起慈禧，我们每一个人都可能想起一段非常屈辱的历史。因为在那段非常屈辱的历史当中，几乎每一次的战争，几乎每次签订不平等的条约，都与她有关系。我们有理由相信，每一个人对她的愤恨都是有道理的，所以在我们的心里，一千遍、一万遍地描摹着这样一个险恶的女人。这个女人丧权辱国，这个女人执掌着权力不肯撒手，直到去世前的 24 小时，她还想尽一切办法，毒死了与她相伴了 20 多年的光绪帝。我们一直都在想着，这个女人到底有多么险恶。

## 慈禧也是一个带着人性的女人

我们都知道，在中国历史上，女人是处于深宫大院里的附属品。当农业文明迈向一个很高的高度的时候，女人柔弱的肩膀，难以抵挡大田工作的烦劳，所以更多的是在家里相夫教子。南北朝时期，在南唐后主的宫中，有一个女人率先把自己的脚裹了起来，把自己大大的脚裹成非常纤细的小脚。当她走起路来如浮萍般摇动的时候，中国女人痛苦的命运从此开始了。中国的女人开始争相效仿她，去裹小脚。我们知道，一旦裹着小脚，就意味着女人变成了残疾人。孩子出生的时候，还是天足，那么到了七八岁，周围的人，包括自己的父亲，包括自己的母亲，包括所有的亲人，都开始人为地使她致残了。致残的女人只能在家中生活，她离不开高墙大院。

一直以来，中国传统的农业文化，把女人边缘化了。一旦一个女人在政治上有影响的时候，就像《尚书》所说的那样，女人如果执政，就如同牝鸡司晨一样。本应该是公鸡打鸣给大家报时，而母鸡一旦像公鸡一样打鸣，人们就认为她做了不应该做的事。所以在中国传统的文化当中，女人是远离政治的。一旦女人和政治纠结在一起的时候，我们对她的评价常常就是红颜祸水。所以唐玄宗沉溺在宫中二十年不出朝，于是人们就说这是杨贵妃的罪过。我常想，杨贵妃她是一个漂亮的女人，或许她对唐玄宗有些蛊惑，但是更多的是唐玄宗本人有罪责。

中国历史上有好多昏庸的皇帝，比如说明朝的明熹宗，就专门喜欢木匠的活计，所以执掌了朝政以后，最快乐的事就是在后宫当中当木匠。这么一个不务正业的皇帝，我们很难见到史书上对他口诛笔伐。我们看到很多不理朝政的皇帝，历史上也很少打他家法，但是一旦女人与政治结下了一定的缘由之后，就认为这个女人非常不好，把她写得污言一片。在这种情况之下，我们就有必要把中国历史上执掌朝政 48 年的这个女人，重新理解一下。

当你真的翻开了史书，细细去梳理这个女人一生所走的足迹的时候，其实你会发现，这个女人和你、和我，和我们周围所有人一样，并不是你想象的那么没有情感，那么险恶，那么龌龊，那么阴霾。她也是一个带着人性的女人。只不过这个女人所做的事情、所住的地方、所吃的东西、所穿戴的饰物与平常的女人不同而已。那么接下来，我们就把慈禧一生当中的主要事件给大家勾勒出来，让我们各位在座的朋友，自己细细地去品评一下慈禧。

## 为什么要讲慈禧？

当时我在《百家讲坛》讲慈禧的时候，很多朋友都问我，说隋老师，中国历史上有这么多的历史人物，成千上万，你怎么选了一个慈禧？可以说我做慈禧的时候，带着很大的压力，这个压力是源于我怎么去评判她。如果我评判她是一个正常的人，很多人是无法接受的，因为在我们的感情世界里，她永远和恶毒结合在一起。但是翻开她"恶毒"的东西，历史的真实和野史所写的内容不一样。那么这里就出现了一个难题，那就是如何理解慈禧的人性和我们的人性。所以我常常对朋友说，你问我为什么讲慈禧，我就反问你，为什么我不讲慈禧呢？

我有以下的一些理由，必须讲慈禧。

第一个，慈禧是中国历史上，特别是中国近代历史上统治时间最长的一个人。我们中国近代史，按照传统的划分，从 1840 年开始，到 1919 年结束，整个有 79 年的时间。在这 79 年里，慈禧就控制了清王朝的政治 48 年，这一半以上的历史由她控制，那么研究中国近代史，怎么可以脱离开她呢？所以你要把慈禧梳理得很清楚了，中国近代史的很多内容就能梳理得非常清楚了。

第二个，我本身就是研究清史的。满族人入关以后，二百余年的时间里，统治时间最长的三个人，第一个是康熙帝，61 年；第二个是他的孙子乾隆帝，乾隆帝统治到 60 年的时候，他自己知道不应该超过他的先祖康熙，于是就把皇位让给了自己的儿子嘉庆，他就做了5年的太上皇，实际上还是执掌了皇权，只不过那时他不能自己叫皇帝，所以他的统治时间第二长；第三个就是慈禧。如果你想了解清朝的历史，不把他们这三个人梳理清楚，那清朝的历史也梳理不清楚。

第三个，在中国历史漫长的发展过程当中，中国近代史是变化最多、所受屈辱最多的。或者说在这个时期当中，中国的变故是最大的，它是中国的历史由中世纪转向近代的转折点。

比如说1840年开始的鸦片战争，然后1856年开始的第二次鸦片战争。如果说这两场战争和慈禧没有关系的话，那接下来的诸多战争都和她有关系，中法战争、中日甲午战争、1900年八国联军进北京。而每一场战争都让中国人签下了屈辱的条约。比如说八国联军进北京之后，当时中国向国外赔款4.5亿两白银，为什么是4.5亿两？那是因为当时中国有人口4.5亿，平均每人要缴纳1两白银。这样的一段历史，中国不能不去了解它，也不能不去讲它。而被战争、被屈辱牵动的中国近代史，也是中国人寻求自强的过程，洋务运动、戊戌变法、清末新政，也没有一件事情不和慈禧有关。所以要梳理清楚中国历史上这么多事情，不讲慈禧是不可以的。

那要讲慈禧怎么讲？我们在很多的野史当中看到的慈禧是糜烂、奢侈的，后宫当中的生活是让人感觉到无法提及的，那真实的情况是不是这样的？接下来的两个问题，我就尽量把这个东西给大家梳理清楚。

## 慈禧是一个怎样的女人？

慈禧是一个什么样的女人？可能我们印象当中的第一幅画面，

就是孙殿英在民国初年打到北京的时候，掘开了慈禧的陵墓，盗走了慈禧所有的随葬品，把尸体还没有腐烂的慈禧从墓中抓起来，剥掉了外衣，对她肆意侮辱。当时清朝的遗老遗少，听说东陵被盗之后，急速赶到那里，看到慈禧衣服破败，身体已经长满了毛，一幅非常悲惨的景象。

另一幅画面。在上世纪八十年代初，有一部对中国影响很大的电影，李翰祥所导演的《垂帘听政》。《垂帘听政》这个电影的最后一幕，是慈禧垂帘听政成功了，开始向她的对手施展淫威。在结尾之前，刘晓庆所扮演的慈禧用非常尖厉的声音喊出了一句话，"把她提溜上来"，于是电影当中两个太监拎上来了一个坛子，坛子里有一个被截去了肢体的女人。慈禧就对这个女人说，你唱呀，跳呀，你怎么不唱不跳了？感觉如西汉初年的吕雉做的人彘是一样的。

而在历史档案馆翻阅材料的时候，我找到了这个女人，这个女人就是丽妃。她是与慈禧同一天入宫的。入宫的时候，慈禧叫兰贵人，这个女人叫丽贵人。这个女人居然是善终的，她和咸丰帝生下了一个女儿，慈禧对这个女儿一直视为己出。在丽妃正常死亡之后，慈禧身边总会有一个格格，这个格格就是丽妃的女儿。

但是为什么李翰祥《垂帘听政》里面的这个慈禧却深入人心呢？是因为我们把对这一段的历史所有的怨恨，所有的抱怨的情绪，包括中国历史在这一时期发展上的落后，都倾加在了慈禧的身上。于是我们觉得一定是这样的一个女人导致了中国的这段历史。

真实的慈禧是什么样的呢？现在我给慈禧做一个画像，就是慈禧长得什么样。

## 慈禧在选秀中打动了咸丰

北京电视台曾经播了一个电视剧，叫作《苍穹之昴》，里面的慈禧是由日本演员田中裕子演的。我认为《苍穹之昴》是这么多年以来，在电视和文学作品当中，最接近于真实慈禧的一个电视剧。当这个电视剧播的时候，北京的"五星夜话"约我和她的后代，那根正先生共同做了一期节目，谈一谈历史上的慈禧。当时我身体特别不好，但是我特别愿意去，就是因为这个电视剧让我感觉到了历史的真实。

我先不告诉大家慈禧她究竟是什么样，每一个人心中都有一个慈禧的样子。先给大家介绍几个问题。

首先第一个，慈禧是被选秀入宫的。选秀入宫，就意味着她必须接受一定的筛选，那筛选一定会要符合很多的审美标准。

清朝后宫嫔妃补充制度和其他的历史时期不太一样。比如说唐朝，唐太宗的夫人，长孙皇后，是长孙无忌的妹妹，所以唐朝的时候，结成政治上的姻缘，是注重门第的，而在清朝不是这样。

清朝在皇太极的时候，他的力量不够，需要和特别多的力量结合起来，而那个时候结合最紧密的力量就是科尔沁的蒙古族。皇太极有好几个后妃都是来自于科尔沁的。一个是我们大家都知道的孝庄皇后的姑姑孝端皇后。接着呢，是孝庄皇后和她的姐姐共同嫁给了皇太极，另外一个娜木钟，也是来自于草原的。

皇太极的儿子顺治刚入关的时候，他的母亲一直在后面把持着朝政，而多尔衮与顺治之间的关系非常微妙，当带有一种互相排斥的政治关系出现的时候，顺治的母亲也特别希望他娶一个科尔沁的公主。于是在母亲做主之下，与他的母亲有一定血缘关系的这样的一个亲属，就嫁到宫中做了皇后。

年轻的顺治，与很多清朝的皇帝不一样。由于特殊的政治环境，就使得在他十多岁，在自己不是很情愿做皇帝的时候，就不得不开始亲政了。后来又因为各种各样的原因形成了十七八岁男孩的一种特殊的叛逆心理，对母亲给他选的皇后就特别不喜欢。

　　这个皇后生活中也有一些特点，比如说她是来自于科尔沁的公主，就显得比较跋扈，衣服今天有一些褶皱，没有熨得特别的平整，她看到了就能把它撕碎；如果端上来的蒙古奶茶不合她的口味，她会把它打翻在地；顺治与其他的宫女接触多一些，她就会在后宫中大发脾气。

　　所以顺治就觉得这桩婚姻特别有压力，于是他就向母亲提出要和这个皇后分开。这个分开就和我们今天的概念一样，离婚，要罢免这个皇后。中国历史上，只有封皇后的，很少有无缘无故罢免皇后的。因为在我们中国传统文化当中，皇帝为天为乾，皇后为地为坤，只有天地交融，乾坤和谐，天下才能安顺。要想罢免皇后，那就意味着整个国家的朝政会发生很多的偏差。所以他的母亲执意不肯，这种情况之下，顺治就开始与他母亲进行冷战，这一冷战就冷战了半年。孝庄皇太后大病一场，病愈之后，在不得已的情况之下，就答应了儿子，说可以换，但前提条件是还得娶一个科尔沁草原的公主。于是呢，又纳了一个科尔沁的公主，顺治依然不喜欢。

　　所以顺治帝觉得包办婚姻不好，于是他就为他的后代定下了一个标准。这个标准就是以后决不许后宫当中的母亲为皇帝强行婚配，而采取一种选秀制度。什么叫作选秀制度？就是在八旗的 13 岁到 17 岁的女孩之中去选择皇帝的婚姻对象。

　　假如说今年我当了皇帝，我想到全天下去选皇妃，怎么办呢？前一年，由户部开始统计 13 岁到 17 岁的八旗女孩。这个八旗是不是就是满族的八旗？不是的，当时的八旗分成满八旗、蒙八旗和汉八旗，也就是在满族八旗、蒙族八旗和汉族八旗当中去选。但是首选是满八旗和蒙八旗，到了汉八旗这块就很少了。这个名册报好了之后，定下来一个时间，让八旗这些符合标准的女孩，从全国各地汇集到北京城。对这些女孩有一个要求，当时中国的选秀叫作"德才兼备"，要看家庭，然后要看这个女孩的德行。但其实跟今天的选美、走秀一样，没有什么特殊的对话，所以最后选的大家知道，还是相貌。

当时选秀可能根据八旗不同的编制，比如上三旗和下五旗的顺序排列，一选分为两轮。第一选是上来五六个女孩，这五六个女孩都必须穿旗袍，不许穿得花枝招展。上面拿着一个牌，是一张红纸，叫作牌单。这个牌单上写着这个女孩曾祖父的姓名、做什么工作，祖父的姓名、做什么工作，父亲的姓名、做什么工作，外祖父的姓名、做什么工作，然后她的姓氏，住在哪里。其实拿着这个东西，这样皇帝就都知道这个女孩来自于谁家了。五六个女孩往这里一站，下边的有皇帝，如果有皇太后，就是皇帝的母亲的话，也会在旁边。女孩上来站一排，如果没有合适的，全部的牌子都拿走，女孩也撤下去，如果其中一个女孩皇帝看上了，皇太后也看上了，这个女孩的牌要单放下，其他的女孩撤了，这个女孩留在这个地方。然后进行第二选。

就这样的选秀过程当中，慈禧那年以 17 岁的年龄，被咸丰帝选中了。这么多的女孩在他面前走过，他只选中两个女孩，那就意味着慈禧一定在相貌上，在外型上，有咸丰帝特别喜欢的地方。

这个慈禧呀身世并不好。她的家是叶赫那拉氏，叶赫那拉氏是与努尔哈赤有过战争的这样一个部族，而且在战争的过程当中，与努尔哈赤曾经结下过怨恨，所以努尔哈赤曾经发誓，决不允许叶赫那拉氏家族的女孩进宫中来。那这时候咸丰帝冒着背叛祖训，让叶赫那拉氏的女孩走进后宫，说明慈禧一定有特别让他喜欢的地方。还有一个，当时慈禧家所在的旗并不高，上三旗是正黄旗、镶黄旗、正白旗，她家是下五旗，叫镶蓝旗，在下五旗当中她家都排得比较往后。她的父亲当时只是吏部的一个笔帖式，相当于今天国家人事部的秘书，只有七品，挣着很薄的工资。

所以旗的位置又不高，没有任何家庭背景，又不是出自于名门的女孩，能够被咸丰帝选中，那么一定有她极其特殊的地方。不能对话，又不能看德行，又没有一个显赫的家庭，那么这个特殊的地方，一定是她的长相，打动了咸丰帝。这是其中的一个原因。

## 慈禧是一个貌美的女人

给大家举第二个例子。第二个例子就是在慈禧晚年，有两个女人走近了慈禧的身边。一个女人在这之后，写了大量的回忆录，这个女人就是德龄。还有一个女人是美国人，叫卡尔，是一个画师，为我们留下了当时六十多岁将近七十岁的慈禧的画像，这个画像在法国的画展当中得过银奖。这两个女人记录下的慈禧，应该说和我们印象当中的慈禧不一样。

德龄是怎么进宫的呢？在鸦片战争，特别是第二次鸦片战争之后，西方社会希望中国社会能够打开国门，能够对等外交，就是他们欢迎清政府到各个国家设立使馆，也希望清政府能够接纳各个国家到中国来设立使馆。所以第二次鸦片战争后，以条约的形式定下来外国人可以在北京设立使馆。这样双方就可以互派大使了。

德龄的父亲曾经是日本的公使，然后又领着她的母亲、她的妹妹、一起到了法国做了四年的公使，姐妹两个人和她们的母亲长时期陪伴着当外交官的父亲在国外生活。所以这个女孩小小的年纪，就精通汉语、满语、蒙语，然后又懂得日语和英语、法语。这个女孩经常伴随她的母亲出现在各种各样的外交场合上，所以她比较了解当时外交的情况。八国联军进北京之后，慈禧不得不面对的一个事实，就是中国人再想要排斥外来文化已经是不可能的了。所以当时已经接近七十岁的慈禧，就开始接纳外来文化。

那么要接纳外来文化，就经常和很多的外国公使夫人，在一些外交活动上打交道。慈禧对于外交什么都不懂。就在这个时候，德龄的父亲从法国公使的位置上卸任了，卸任以后按着惯例就来向慈禧汇报工作。汇报工作的时候，慈禧问及他家人的情况，他就谈到了两个女儿跟随他在外面的一些状况。慈禧特别感兴趣，马上问这两个女孩的年龄、外语程度以及对外国国家的了解情况，德龄的父亲一一作答。于是慈禧就下了一个命令，让这两个女孩进宫，不是做宫女，也不是做嫔妃，而是做慈禧身边的女官。这是在中国历史上从来没有过的官职，没有品级，没有各种各样的地位，就是陪伴在慈禧身边的女官，她们不是下人，而是帮助慈禧打理关于外事活动的一批人。

德龄在宫中待了两年，她目睹了慈禧的真实生活，也目睹了宫中这些人在慈禧面前撒谎、阿谀奉承的种种状况，目睹了慈禧和光绪之间的暗斗。在两年之后，在她特别想离开宫中但是又无法离开的时候，正好她的父亲在上海去世了，所以她以此为由请假，出宫去给父亲送葬。在这样的一个情况之下，在上海结识了她的美国丈夫，是一个记者。和这个美国丈夫结婚之后，就到了美国，但是新婚不久，他丈夫就出车祸死了，于是在美国的德龄要独自生活。

大家知道她是从慈禧身边出来的女人，很多出版商就看中了她，让她写在慈禧身边的回忆录，于是她就写下了大量的回忆录，有大家知道的《紫禁城的黄昏》《清宫两年》等等很多的内容。有的回忆可能是记错的，有的回忆可能加上了她自己的想象，也有很多事情是她没有见到，只是在宫中听说的。所以她的回忆录用作史料的时候需要甄别。

但是她近距离地接触慈禧，对慈禧长相的描述应该是真实的。在她的回忆录当中有这么一段对于慈禧的描述，说她入得宫中的时候，慈禧刚刚过完了她67岁的生日，这时候的慈禧，面色里透着粉色，五官端正。说如果你看到她，怎么也想不到她是一个67岁的女人。所以她就判断，慈禧年轻的时候，一定是貌美的女人。

我们说，国人看国人，可能会有一些相同的价值判定。而西方人看中国人，对于美的判定标准还是差别挺大的。我们都知道，有一个模特，叫吕燕，在中国国人的眼里那绝对不是一个美女，细细的眼睛，高高的颧骨，嘴唇也不是很丰润，我们一点也不觉得她好看，没想到她一到国际舞台上，大家就惊呼这是中国的美女。

可是这个时候，在一个美国画家的眼里，慈禧是漂亮的。她说慈禧的鼻子是周正的，眼睛是双杏核眼，说她唯一的一个不足就是左嘴角略略有些下搭，尤其是在生气的时候，她的嘴角下搭会略略严重一些。

卡尔是一个女画师，在宫中陪伴了慈禧半年，她要向全世界报道，当时中国皇太后的后宫生活，所以她给慈禧照了很多相，也给慈禧画了一幅像。这幅像后边是一个很华丽的背景，慈禧戴着凤冠，穿着她很多凤装饰的服装，端坐在那里。这幅画像画得十分精美，所以赢得了法国画展的银奖。我觉得她笔下的慈禧应该说是漂亮的。

那么我们从选秀入宫，德龄的回忆和卡尔的回忆，可以想象得到慈禧年轻的时候，应该是一个貌美的女人。那慈禧年轻的时候究竟什么样？历史不能记载，因为历史只记载男人的历史，即使慈禧做了皇太后，垂帘听政，关于她的记载也是很少的。多半是以同治帝或光绪帝的口吻来记载这段历史。所以各位朋友，就展开想象的翅膀，去想象她17岁入宫时的模样吧。

## 慈禧不是绣花枕头

我们常说外面长得很好，里面全是稻糠，叫作绣花枕头，那么外面长得很好看，里面也非常的优秀，这样的女人是表里如一。慈禧是不是就是一个绣花枕头？我给大家讲慈禧另外的一个特性，我认为她除了外在的美貌以外，在生活里应该说是一个有决断的女人。

我前天从单位下班之前，有一个同事领着她八岁的儿子在办公室里搅扰了有四十多分钟，这儿子就把她母亲磨得不行。这个儿子本来是一个很可爱很聪明的孩子，由于母亲对儿子的过分迁就，让我觉得这母子两人在办公室里就像一场闹剧一样。女人不仅仅是要贤惠，要包容，女人在很多的时候，应该能够执掌一面。我在生活当中，见到有很多有决断性的女人。对我来说，决断、智慧也属于女人，绝不是只属于男人。

慈禧的决断在她的人生当中发挥着巨大的作用，下面给大家举两个例子。

慈禧在入宫之后，并没有很好的位置。要知道，宫中就如同我们的社会一样，每一个阶层之间都有着很大的差距。在清朝的历史上，后宫分成八个等级，前四个等级就是皇后、皇贵妃、贵妃、妃，接下来是嫔、贵人、答应和常在，到了答应和常在就和宫女差不多了。慈禧入宫的时候，仅仅是一个贵人，比宫女略略高一点。

咸丰帝在当皇帝的前一年之前，他的父亲道光帝，已经给他结下了姻缘。这个姻缘呢，第一个就是我们知道的，与慈禧共同执掌朝政近二十年的慈安。慈安比慈禧小了两岁，非常仁厚。她入宫的时候，就被道光帝视为皇后的人选。还有另外的一个女人，叫作云平，比慈禧要高。

　　在咸丰帝选秀入宫以后，又举行大婚。慈安是从中轴线的最南端，以最隆重的礼仪抬入宫中的。就是说，她得经过正阳门、大清门，然后天安门、端门、太和门，过太和殿。举行完大婚之后，她要回到坤宁宫，去接受所有嫔和贵人的朝拜。从这以后，她就是后宫的执掌者。

　　慈禧 17 岁入宫，那时候她的位置是非常低的，可是在宫中，在谁都没有想到的情况之下，她却能够靠着自己一股特殊的魅力，在宫中赢得宫女、皇后以及周围人对她的喜爱。

　　咸丰帝不像大家想象的是一个仁和的皇帝，他是很偏执的，他的经历决定了他的偏执。十岁的时候，他的母亲，道光帝的皇后，因为担心他皇长子的位置会被他弟弟奕䜣夺取，所以她在宫中用食物拌了很多毒药，希望能把别人杀死，留下她的儿子。没想到她的儿子把这个消息泄露给了奕䜣，奕䜣的母亲听说后报告了皇太后，把食物一试，果然很多毒，所以就把她赐死了。所以说咸丰帝从小就很孤独，他和奕䜣共同生活，由奕䜣的母亲照顾，寄人篱下的生活对他来说形成了很大的心里阴影。

　　另外的一个阴影就是他很特别，他是在他母亲的强制之下提前出生的。道光帝在咸丰帝之前，有三个儿子，长子已经 19 岁了，二子和三子各是四岁和两岁，没想到前后不长的时间，三个儿子全死了，所以道光帝年老了身边却没有一个儿子。这对中国的皇帝来说是一个莫大的愁苦，不孝有三，无后为大，对皇帝来说更是如此。自己渐渐到了中年，而后面没有继承人，这是他最大的一个苦闷。

没想到，这时身边两个他非常喜爱的妃子先后怀孕了，相差十几天，所以盼子心切的道光帝特别高兴。他曾经放出口风，说谁先生下儿子，就封他为皇长子。所以咸丰帝的母亲就特别着急，她每天算着日子，发现另外那个嫔妃的肚子长得比她还大，就担心那个嫔妃早于她生下皇子。于是偷偷地吃下了分娩的药物，把这个皇子生下来了。大家知道，早产儿先天没有长成，带着很多身体上的不足。

咸丰帝从小就在这样一种环境中长大的。没想到，年纪轻轻的，又得了天花，留下了满脸的麻子。小的时候骑马不慎，还摔断了右腿，走道一跛一跛的。跟潇洒、年轻、漂亮的六弟奕訢相比，要差好多，所以他心里内在的一种自卑，使得他当了皇帝之后情绪不定，在宫中常常会酗酒。

满族皇帝因为来自于东北，喜欢吃猪肉，喜欢喝酒。所以咸丰嗜酒如命，只要喝酒必醉，醉了在宫中必打人，宫中很多宫女和嫔妃都有被打的记录。有这么一个例子，说他身边有一个女人叫作徐佳氏，这个徐佳氏很听话，很早是由常在的位置被提为嫔的，后来又被提为妃，为咸丰帝生下过一个男孩，这个男孩生下来之后就死去了，但他一直很喜欢她。没想到有次咸丰帝喝酒喝多了，进得宫中就给徐佳氏一顿暴打，然后重新贬为八个等级的最后一个，常在，然后又贬为宫女。隔了几天后，他想找徐佳氏找不到了，一问才知道被贬走了，他非常不好意思，又把她提为常在，觉得常在太委屈她了，又提为后来的嫔。由此可见，他是一个喜怒不定的人。

但是慈禧从入得宫中之后，就没有被责打的记录。宫里是一个苦乐无常的地方，一切都取决于皇帝的喜怒哀乐，她能够很安稳地度过每一天，与她的智慧和决断是有关系的。而且这个女人，是第一个为咸丰帝怀孕的女人。

清朝的历史特别有意思。你看努尔哈赤，皇太极，这都属于多子的，从入关以后，顺治帝的皇子也相对比较多。康熙帝就不用说了，当他69岁去世的时候，有资格继承他皇位的儿子有27个，还有些没有资格的。然后接着雍正帝，乾隆帝，这都属于多子的。道光帝突然出现了转折，有儿子，但死的比较多。到咸丰帝以后，清朝的皇帝已经给你烟火几乎要中断了的感觉，咸丰帝苦苦努力，二十岁大婚，后宫女人那么多，二十六岁才有第一个皇妃怀孕，这就是慈禧。

慈禧怀孕以后，真的如同爆炸性的新闻一样，整个后宫有嫉妒的，有祝福的，有羡慕的，还有心中愤愤不平的。这个时候什么情况都会出现，像宋朝的狸猫换太子呀，或者恶意在你食物中加一些催流产的药物，等等。所以这个时候的慈禧格外当心，所有的食物都由自己亲信的宫女和太监亲自打理，不让任何人插手。到了怀孕六个月的时候，她向咸丰帝提出一个要求，把她的母亲请入宫中来照顾她。当时咸丰帝感觉很诧异，因为皇妃只要进得宫中以后，基本上就和家庭隔离开了，没有什么联系了，可是这个时候她要求把母亲请进来，说可以照顾她，而且能够保住皇子。咸丰帝也非常渴望有一个皇子诞生，所以破例把她母亲从宫外接进了宫，陪伴在慈禧的身边，直到慈禧安全地育出咸丰帝的第一个皇子，就是我们大家知道的同治帝。所以这个时候慈禧遭受的嫉妒眼光可想而知。可是她同慈安的关系能打点得特别好，最后她被封为皇妃，成为仅次于慈安的女人，这也与她的决断和聪慧分不开。她的决断表现在两件事情上。

## 慈禧比咸丰有决断

第一件事情。第二次鸦片战争之后，当时的英法联军认为鸦片战争时所签订的《南京条约》中，英国、法国和中国进行贸易的条款，有很多不便利的地方，所以 12 年以后提出要修约。但是清政府坚决拒绝，所以英法挑起了事端，从今天的广州，沿着东南沿海一直打到渤海，进入大沽口，而且登陆了。这是与自己不同种的民族，第一次以武装的形式登陆到中国的领土上，而且是从海上来的。所以他们登陆以后，咸丰帝很着急，也派了大量人马在那里进行截击。他拿出了手中任何时候都没有动用过的王牌，就是僧格林沁的马队，在今天廊坊一线进行防守和阻击。可是没有想到近代的火枪火炮，以非常勇猛的态势，把当时清王朝打败了。接着就从廊坊迅速地占领了天津，然后就开始向北京进军。

咸丰帝听说打到天津这个消息的时候，正好在圆明园的绮春园喝酒，周围全是他的嫔妃。他知道连僧格林沁马队都没有防卫住，从天津到北京，那就是指日可待了。所以他突然之间没有了主意，大哭不止，这个时候咸丰帝虚岁三十。一看皇帝哭，皇后和嫔妃也没了辙，环抱在一起，也痛哭不已。这个时候只有慈禧没哭，慈禧快速走到了皇帝面前，对皇帝说，"哭有何意"，皇帝马上就不哭了，问她，那爱妃你觉得有什么办法？她说，即刻招肃顺和恭亲王奕䜣来商议大事。

这一段故事，可能各位朋友认为是我杜撰的，不是，这是历史的记载。说是历史的记载，很多朋友也会认为是史书的杜撰。你可能会举出很多的理由，比如清朝管理后宫是严格的，后宫的女人是不能了解前面的事情的，她怎么知道肃顺和恭亲王奕䜣呢？虽然小叔子过年过节的都要进宫中朝拜，但那个时候是讲究男女授受不亲的，所以她是见不到自己小叔子的，怎么知道恭亲王奕䜣有才干呢？

这里面有一个缘故。咸丰帝从 26 岁开始，咳嗽就痰中带血，身体就极度虚弱，非常不好，而朝中的文件用文山会海来形容是没有错的。所以很多皇帝不愿做皇帝，应该和打不完的仗、理不完的奏折是有密切关系的，谁也不愿意在那个奏折堆中去生活呀。在我印象中，只有两个人，一个是秦始皇，另一个就是明太祖朱元璋，这两个人对于奏折特别青睐。

清朝的皇帝，除了极其个别的，绝大多数都是非常勤政的。清朝的时候，早上天不亮，太监就领着这些皇子们到特定的书房去读书，每天日程都排得满满的。康熙帝曾经比如说三四天，四五天，就把儿子们叫过来，在他的卧榻前挨个背书。那个时候读书主要以背为主，比如说"十三经"。当时皇帝背书，是读二十遍，背二十遍，天天背。

当时有一个皇子背《孟子》，康熙很累，躺在卧榻上闭着眼睛听。听着听着就打断了他，说你把这段重背一遍。这个皇子又背了一遍，他说中间落掉了两个字，他在那里给大家背下来了。然后说你把《孟子》拿来，展开那一页看，果然如此。可见在清朝的皇帝当中，康熙是非常勤政的。

咸丰帝 20 岁当了皇帝之后，就赶上了内忧外患。他执政的那一年，不久广西就爆发了声势浩大的太平天国起义。而且这个时候，英法联军开始不断地提出一些要求。由于身体虚弱，整日在奏折中去周旋，他感到很累，但又不能让别人给他看奏折，所以常常会让太监把奏折带入他的书房里，他躺在那里，让懂得汉语的慈禧给他读奏折。

怎么不找慈安呢？慈安只会蒙语、满语，不会汉语，而慈禧三种语言全都懂。她怎么会汉语呢？这和她的父亲有关系。因为在满族入关以后，一个岗位一定是满、汉两个官员，比如说原来的吏、户、礼、兵、刑、工六部，尚书原来就一个。但清朝入关以后，满汉同治，所以尚书会有两个，满尚书，汉尚书。在整个公文的运行当中，文秘人员必须会三种文字，就是满文、蒙文和汉文。慈禧的父亲是三种语言都通的，可能父亲对她来说是一个影响，也可能慈禧作为满族女孩，相对于汉族的女孩来说规矩少一些，所以家里有一些教师来教她读书。

我在历史博物馆见过在同治三年慈禧代替皇帝所写的一个上谕。这是一个打压奕䜣的上谕，是慈禧用毛笔写的，慈禧的字体是很清秀的。那是她二十多岁，刚刚垂帘听政的时候。但是绝对达不到今天我们这样的汉语水平。她写了一个二百多字的上谕，错别字 13 个，而且文理很多地方是不太通的。那个用毛笔写的汉字，如果说用今天的小学水平来形容的话，和三四年级的孩子差不多。但在那样的时期，就这样的汉语水平在后宫已经是首屈一指了。

所以由于她会汉语，咸丰帝在身体不好的时候，会躺在卧榻上，让慈禧给他读奏折。读完奏折之后呢，可能会有一些批阅的过程，咸丰帝会拿过去写。

当时批阅的内容基本上是这样几句话：第一个"依议"。根据你所谈的事情的不同，奏折上到吏、户、礼、兵、刑、工各部，各个部的尚书和一些文职人员会把奏折做一个整理，提出一些大意来，附在奏折的旁边，会有一些处理的意见。咸丰帝看过之后，同意就是依议，依着你们所说的去做吧。第二个，这个事情他听着不想批阅，不想回复，也不想去批准，就用一个相对含混的词说，"知道了"。如果这个奏折写的事情非常好，然后地方官又提出了很多建议，他最高兴的时候会写"准"，准予你所做的事，然后第二天，这个奏折就会拿到军机处、拿到各部门去讨论，怎么来做。

开始咸丰帝会起来把这些字写上，后来他连这几个字都不写了，让慈禧写。奏折回到六部之后，大臣们会发现，皇帝的墨迹前后是不同的，大家会想，宫中一定有人在为他做这个事。渐渐地有消息传出来，说那就是慈禧。

慈禧在宫中打点了这些事情，那么每份奏折的内容，她都是了解的。朝中哪一个大臣的情况，也会从皇帝那里有所了解。所以对于肃顺，这个当时的首席军机大臣、吏部尚书，执掌了咸丰朝大事的人，她是了解的；对于另外一个就是咸丰帝的六弟，恭亲王奕䜣，她也是了解的。所以在这个时刻，慈禧马上想到了这两个人，她的决断胜过咸丰帝，这是第一个例子。

那么第二个例子是什么呢？我再给大家讲一个慈禧很有决断的事情，这两个事情是前后的，就是辛酉政变，又叫作祺祥政变、北京政变。这个女人发动这场政变的时候，虚岁只有 27 岁。

在英法联军进北京之前，咸丰帝已经听到隆隆的炮声的时候，他只有一个想法，那就是不能够被他视之为蛮夷的英法军队给俘虏，因为一旦被俘虏，整个清王朝就遭受了历史上最难以想象的屈辱。所以他这个时候，就要弃城而逃。但他又戴着非常虚伪的面具，向全天下发布了一个圣旨，说我要到承德去打猎，然后带领着主要的大臣和他的嫔妃们，一同逃到了承德，整个北京城就留给了他的六弟恭亲王奕䜣。

到了承德之后，咸丰帝渐渐听得了英法联军进北京的大致状况，他们把高高的火枪、火炮架在高高的北京城墙之内。英法联军进北京之后，迟迟找不到清朝的主要负责人，又赶上了秋天，所以想用什么东西把他们逼出来，于是他们抢了圆明园的财富之后，就放了一把大火把圆明园烧掉了。言外之意，你再不出来，我烧了你的皇城。在这样的一种情况之下，恭亲王奕䜣就开始跟他们谈判，签订了丧权辱国的《北京条约》。这个时期，每天都有从北京来的一些信件到达承德，咸丰是了解这些情况的。对于这个 30 多岁的皇帝来说，这一段的屈辱是他无法接受的。

第一，他父亲道光帝，在爆发了鸦片战争之后，觉得无颜去到西陵见他的地下先祖，所以把自己陵墓的规模做了削减。如果大家去了清西陵，你会发现道光帝的陵墓规模是最小的。他认为在他的有生之年，被英法联军打败了，是非常见不得祖先的。而这个时候，儿子咸丰帝，自己也知道，他让英法联军都打进北京来了，还把从康熙时期就规划的圆明园，皇家圣地，那么大的一个园林全部烧掉了，而且让英法联军进行肆意地践踏，他觉得真的是很无颜。

其二，他自己的那份自责，那份回天无力，就使得他整天在承德醉死梦生。他开始整天喝酒，吸食鸦片，他的身体每况愈下，所以他常常会大口吐血，吐完之后就会昏厥。

这个时候朝中谁都知道，皇帝这样的一种状态，是不能维持太久的，大家就会想到皇帝后事。这个时候皇帝只有一个皇子，大家都知道就是四五岁的同治帝。这个同治帝出生以后，就得到了后宫所有人的垂爱，大家像对掌上明珠一样呵护着他，唯恐他有闪失，慈禧更视之为掌上明珠，这是她的未来。我们常说，母以子贵。慈禧不是皇后，而儿子是唯一的皇权继承人，所以她要靠着自己的儿子，为自己赢得尊荣。

清朝的历史，没有女人垂帘听政的惯例，只有大臣辅政。顺治帝的时候，是摄政王多尔衮辅政。由于特殊的历史背景，摄政王多尔衮执掌清朝的时候，俨然一个皇帝。在顺治的母亲孝庄的多方周旋之下，在多尔衮死了之后，终于又把皇权控制在自己儿子的手里，却没有想到顺治24岁，或许出家、或许得了天花死了，这时又剩下了一个小皇帝。这就让孝庄感到格外为难。顺治留下的儿子有几个，长子已经十几岁了，但是这个长子没出过天花。

为什么出没出天花这么重要？可能各位朋友不太知道，这里面有一个典故，就是满族人特别怕天花。为什么怕天花呢？因为满族人长时期生活在冬天气候寒冷、人口稀少的东北，那个时候森林呀，草原呀，都特别多，所以空气就特别清爽。由于清朝封锁着整个东北，明朝视长城以南为它统治的地方，长城以北都属于非它控制的一带。所以一般中原地区的流行病就没有到过东北。

天花是从魏晋时期开始有记载的一种流行病，这个病多半会在春天爆发，在中原地区，天花一爆发就有很多人得病，得了天花脸上就会长很多水泡，水泡结痂之后还会留下疤痕。然后水泡里有些病菌，可能就在空气当中散播。中原的汉人虽然没有得过天花，但是已经被这个病菌侵扰过，所以反而对这个病有了抵抗力。而整个东北的满族，没有过这个经历，每每春天天花流行的时候，对于天花的抵抗能力极差的满族人，死于此病的就特别多。

比如说多尔衮的弟弟多铎，那是跟多尔衮夺权的亲兄弟，28岁得天花，死于征伐江南的路上。当时多尔衮希望，皇太极的长子，就是和多尔衮争权的皇太子率领部队去长城以南打仗，而皇太子突然向当时满族的各个部族宣布，说现在中原地区正散播天花，我还没有得过天花呢，我是可以不出去的。为什么他可以坚持这个呢？皇太极那时有一个命令，没有出过天花的将帅，在中原地区正在流行天花的时候，可以不出战。如果强迫他出战，是视之为逼他去死的，所以这个时候他的长子得到了很多的同情，就没有出征。

那么孝庄皇太后，选择新一轮继承人的时候，就在两个孩子之间进行拿捏：一个是皇长子，年龄比较大，还有一个皇次子，就是康熙，玄烨。玄烨两岁脸上就出天花了，所以奶奶经常能见到他，没有出天花的孩子多半得在宫外待着。这个时候奶奶要做选择，因为她的儿子顺治帝是得天花死的，所以就选择了康熙做皇帝。

那么康熙做了皇帝，又是一个虚岁八岁小皇帝。他的奶奶想，他父亲的时候是一个人来摄政，容易把权力架空，于是她选了以鳌拜为首的四个人，她想四个人总不会像多尔衮一样去架空皇帝吧，没想到四个人只听鳌拜一人的，还是一样架空了皇帝。又是他的奶奶从后宫运筹帷幄，除掉了鳌拜，这是第二个小皇帝。

接下来就是咸丰帝死后的同治帝。那这个时候大家想，清王朝向来都是大臣摄政，所以人们就把一些目光集中在了当时在朝廷当中叱咤风云的肃顺身上。

这个时候，又有另外的一个观点。清朝女人不垂帘，不干政，虽然孝庄皇太后在整个漫长的历史时期内运筹帷幄，但是从来不走到前台来，所以呢，清朝没有垂帘听政的历史，可是在汉族的历史上，有垂帘听政的惯例。最早垂帘听政的是在东晋的时候，一个皇帝死了，只留下一个小皇帝，他的母亲就抱着这个小皇帝日日上朝，当时还没有垂帘。

垂帘是武则天的时候。由于唐高宗的身体不好，她又喜欢权力，就竭尽自己的能力，想尽了一切办法，与唐高宗并坐在朝堂之上。由于她是一个女人，就垂了一个帘子，所以称之为垂帘听政。

然后是辽的萧太后，辽朝的皇帝辽景宗死了以后，他的儿子太小，所以萧太后执掌了辽朝。所以在历史上，有许多女人辅助自己幼子。人们都知道，大臣辅政，容易把皇权劫掠，比如说王莽。而母亲去垂帘，大家知道有另外的一种安全，因为母亲和儿子之间，有着一种内在的血缘，母亲垂帘之后，像武则天那样，最后还是把皇权交出去了，而且取消了自己周朝的这种称谓。所以皇权还是能够回归的。可是清王朝的女人又不垂帘，于是大家就会揣测，慈禧垂帘的可能性会多大。

有一天，咸丰帝突然之间又昏厥了。醒来之后，肃顺在旁边，据野史记载，君臣两人曾经密议过，未来皇权如何安排。肃顺有意无意地提起了一件事情，说皇帝，你为什么不效仿汉武帝，行"钩弋夫人"的典故呢？

这个典故，源于司马光《资治通鉴》里的一段记载。就是说汉武帝除掉了太子之后，身边能够继承皇位的皇子，都不入他的眼帘，只有一个八岁的刘弗陵，进入了他的视野。这个小男孩非常聪慧，身体非常健壮。他的母亲非常年轻，因为住在钩弋宫里，所以人们称之为"钩弋夫人"。夫人是汉代宫中很高的位置。因为汉朝的初期，汉武帝目睹了汉高祖的夫人吕雉为乱后宫的情况，所以他很担心子弱母强，钩弋夫人也会在她死之后，像吕雉一样去扰乱后宫。所以汉武帝就在一天进入钩弋宫之后，以无名的理由把钩弋夫人大骂了一顿，撤去所有的装饰，把她打到了冷宫里，不久就把她杀死了。人们常常把这个典故叫作钩弋宫的故事。

肃顺此时有意无意的暗示，大家都明白，是咸丰帝可能不久于人世，而他的皇子的母亲很强大，又涉猎了宫中事务，所以呢，他这样提，言外之意，是希望除掉慈禧的。据说，承德地方不大，这样的一个建议，很快就传到了慈禧的耳边。

我常想，这个女人从17岁即入宫，进宫后身边是没有谋士的，没有任何人可商议。到将近27岁，她怎么能够和外界的大臣进行周

扬州讲坛

旋？我不太知道。但是她的周旋是成功的。

听说有人建议杀掉她，女人本能的反应，无外乎这样两种：第一个，哭哭啼啼的，想到死期将临，有重大的威胁，多可怕呀。第二个，针锋相对。但这个时候，这两种方法都不好，最后带来的都是对自己的伤害。

慈禧听说这个事情之后，不露声色，以退为进，每每皇帝要晕厥的时候，必定抱着她的皇子，坐在皇帝旁边，等到皇帝睁开眼睛，看到的就是母子两人泪痕涟涟。不知道这个从小就失去母亲的咸丰帝，是否因此动了一份恻隐之心。在他去世之前的这个晚上，叫来大臣，留下了三份遗嘱。第一份遗嘱，封自己的皇子为皇长子，是唯一的继承人。第二个，由八大臣辅政，一个摄政王摄政。之前不是四个辅政大臣都听鳌拜的吗，这个皇帝就想，八大臣总不能都听一个人的吧，暂让八大臣辅助朝政。然后又做了一个他认为是双保险的事，留下了两枚印章，一枚印章叫"同道堂"，这个是从乾隆时候留下来的；还有一枚印章叫"御赏"。同道堂这枚印章，给了皇后慈安。这个遗嘱中说，每每下发奏折，颁发上谕，必定在前面盖上同道堂的印章。这个御赏是咸丰帝的印章，留给了自己的儿子，让他每每签发奏折和下达圣谕的时候，要在最后盖上御赏的印章。如果两枚印章对上了，圣谕才有效。而儿子太小，所以在皇子没有成年之前，由他母亲保管。

所以慈禧在最后的时候，走上了中国的政治舞台。可是这时候，一方面是朝中的八大臣都听肃顺的，另一方面，肃顺又是一个极其强势的人。在这个时候，他对皇权的过分的干预，就使慈禧有了一种危机感，很担心历史会重演。

大约在咸丰皇帝去世不久，也就是三四天之后，八大臣上朝了。上朝以后要对新皇帝言天下事。八大臣提出了一个方案，以后朝中的奏折，由八大臣看，看完了之后在上面写上意见，拿去让两宫太后，代替皇帝在前面盖上同道堂，在后面盖上御赏，然后下发。意思就是皇帝的上谕由八大臣起草，拿过来给皇帝、皇太后，盖完印章之后下发。

慈安是一个什么都不懂的人。据曾国藩时代薛福成的《庸庵笔记》里的一段记载，说慈安在朝中的时候，"讷讷如无语者"，不说话，像哑巴一样，天天上朝，"月才决一示"，一个月才发表一次看法。所以慈安对于朝中的摆布没有那么敏感。

而慈禧是明白人。你想，整个朝廷的运转，就表现在奏折的签发和上谕的下达。奏折是大臣们提出的意见，由八大臣处理完了之后，他们签了印章就下发。权力在八大臣这里，而上谕是皇帝下达命令的一种表示。可这个时候八大臣起草，他们签上印章就下发，上谕的权力也在八大臣这里，那其实所有的权力都在八大臣这里了。

于是慈禧就开始跟他们掰扯关于权力的划分。历史记载，慈禧是这么说的，皇帝临终之前，告诉八大臣"暂相"。什么叫暂相呢？就是在皇帝年幼的情况之下从旁助理。既然是从旁助理，那么有关于奏折和上谕，就应该这样：奏折，你们提出了意见之后，拿给皇帝看，两宫太后替他把握，如果奏折上这件事情不合理，你们拿去重新议，草拟决议，你们再拿上来。我们同意了，盖上印章，你们再下发。上谕，由皇太后口授，口授了你们在那里写，写完了拿上来，我们同意后下发，不同意你们就不下发。这样就等于整个权力又回归了皇权，八大臣特别不舒服，但是无话可说。

这个时候，八大臣最担心的，就是全天下要求两宫太后垂帘。这时候山东道的一个监察董元醇提出了一个奏折，请求两宫太后垂帘。这个奏折到了八大臣手里。八大臣一看，让两宫垂帘，就视之为不敬，所以提出了意见，严惩董元醇。然后奏折到了两宫太后这里了，慈禧正需要这个东西呢，所以她拿到这个奏折之后，爱不释手。全天下都知道董元醇这个奏折的内容，可是慈禧迟迟不给盖章，连着三天，八大臣催了六次，她都不盖。这个时候八大臣明白了，慈禧是真想垂帘了，所以八大臣很无奈，如果一旦太后以皇帝的口谕下发垂帘听政，准了这个董元醇的奏折，那么八大臣的职位就废掉了。

所以中国历史上出现了这样一个空前绝后的事情，以八大臣为首的大臣们罢工了，这个罢工叫"搁车"。一下子整个承德乱作一片。当时的八大臣封锁着对内对外的所有信息，连恭亲王奕䜣来承德吊唁他的哥哥，都是不允许的，所以整个承德都完全控制在肃顺的手里。慈禧太了解这个状况了，她也觉得自己过于草率了，所以赶快就批准了八大臣对于这个奏折的意见，下发了。大臣们才照常上班。这个时候，慈禧知道，必须要理清与八大臣的关系了。

怎么理清？必须要除掉八大臣。可是在承德只有她和慈安，还有小皇帝，其余的人没有任何力量。那么这个时候她想到了另外一个人，北京的恭亲王奕䜣。毕竟他是孩子的六叔，要掌握皇权，他一定会出力的。可是怎么把信息传出去呀？这是一个智慧的考量。

于是慈禧亲手导演了一场戏，让她自己亲近的太监安德海，和慈安的宫女小红之间，发生了一场武斗。让安德海因为做饭的事情把小红给打了。你要知道，虽然两个人都是皇太后，但是慈安是正的，是东宫的。所以慈禧就在承德重重地责罚了安德海，让他离开承德，回到北京内务府的打扫处。临行前，给他在衣服的褶皱里缝了一个小小的信件。这个信件就是以皇帝的口吻，让恭亲王奕䜣即刻来承德议事，并且前面盖着同道堂之印，后面盖着御赏之印。

安德海以最快的速度逃回了北京，到了北京之后，设法让恭亲王奕䜣见到了这封信。恭亲王知道这件事情很严峻。在承德，他们的皇权受到了威胁。所以以恭亲王的身份向全天下颁布了好几个公告，其中一个，说自己即刻到承德去吊唁自己的哥哥，所以就赶到了承德。

这边吊唁完了以后，慈禧听说恭亲王奕䜣来了，这 27 岁的女人那种沉不住的劲还是露出来了。在片刻之间，她催促自己的太监，请求恭亲王奕䜣到宫中见他的两个嫂子。坐不住了，催了四次。而恭亲王奕䜣是见过大场面的，他也知道，这个时候如果以很急迫的心态去见两个嫂子，八大臣是会警觉的，所以他迟迟不动，还和八大臣调侃。按常理，这时候小叔子是不能见嫂子的，但是这时嫂子是两宫太后了，前面有小皇帝，所以八大臣觉得单独见面也没有什么。其实这个时候还是有很多人是想陪着他一起去的，可肃顺反倒粗心了，他还开了一个玩笑，说人家小叔子和嫂子见面，我们外人还坐在那里干吗？

于是恭亲王奕䜣独自见了嫂子，见面的时间是两个时辰。历史上没有记载这两个时辰他们都商议了什么，可一定就是商议了整个"北京政变"的全套计划。见了面之后，恭亲王奕䜣连夜就走了。而慈禧在承德，特别听从肃顺的安排。你让我发什么奏折，我就发什么奏折，你让我安排什么商议，我就安排什么商议。肃顺突然之间就感觉安全了，于是在秋高气爽的时候，就准备把大行皇帝的棺木抬回北京去安葬。

在启程之前，慈禧又把大臣招来了。她知道，她不能跟肃顺一同走，那样就没有办法发动政变了。而分开走是没有理由的，因为从承德一段一段地走回北京，大行皇帝灵柩起来的时候，皇帝要跪灵的，大行皇帝的灵柩走了一定的距离，棺木要落下，皇帝要候灵，在那里等着的。这样的话，现在皇帝，和死去的皇帝，是要一同走的。这个时候慈禧开始做文章了，她说按理应该如此，可是皇帝太小，天又很冷，如果这样奔波的话，怕皇帝身体受不了。肃顺一想，是这么回事。其中一个大臣就说了，不如这样，把八大臣分为两个部分，五个大臣跟随大行皇帝的灵柩一起走，另外三个大臣陪着两宫太后和小皇帝走。那么起灵的这天早晨，小皇帝在那里盯灵，盯过灵之后，这个大行皇帝的棺椁就徐徐向前，而两宫太后和小皇帝在三个大臣及卫队的保护之下，先到北京。这个先到，是提前一个晚上和下午。先到了北京之后呢，就跪在北京城的城外迎驾。

慈禧一看，就是按着自己的计划来的，特别高兴。奕䜣也跟当时留守在北京的大臣说了，大臣就在北京城外的城门旁，恭候着两宫太后和皇帝。慈禧回到北京，一见到大臣，把这一年在承德肃顺的种种嘴脸都说了一遍。大臣们摩拳擦掌，说一定要除掉他。随行的这三个大臣也束手无策，就被大臣们直接按下了。然后呢，恭亲王奕䜣的七弟，就是光绪的父亲，醇亲王奕譞，率领卫队直接奔向了密云，把肃顺从被窝里提溜了出来，直接押回北京。

这个政变，把八大臣除掉了，清王朝也开始了垂帘听政。这个27岁的女人慈禧，运筹帷幄，她的决断、她的智慧不像我们在野史当中看到的那个样子。

## 慈禧的缺点之一：排外

那么慈禧我说了这么多，大家说怎么在你的眼里她是个没缺点的人呢？

她是一个有缺点的人。人哪能没有缺点呢？像这样一个女人，更是缺点和优点并存的。那个时代的中国人，都深受传统文化的影响，她也是一样。当时中国的传统文化是什么呢？是延续了两千多年的中华文明，这个文明长时间领先于世界，所以在中国人心目当中，一直有这一个华夏文明的优越感。

另外一个，我们知道，华夏文化所在的区域，东部和南部全是海洋，北部是草原，偶尔会有游牧民族对中原进行骚扰，但是很难对中原文化形成毁灭性的打击，因为游牧民族的人口相对来说会少一些。西部地区是荒漠，是高原，又横亘着喜马拉雅山。所以华夏文化一直处于相对封闭的状态之下，而在这种封闭的环境之下，往来的信息是相对缺乏的，所以华夏文化的中心论油然而生。

尽管到了明朝，中国文化开始有所衰弱，西方文化冉冉升起，并且已经迅速发展。但在这个时期，中国人心目当中的优越感依然如是，所以当道光帝屡屡见到英国人、法国人要求和中国人进行贸易的时候，他特别不理解。英法联军在虎门不断地以武力恫吓，他也不理解。有一天，他问大臣，这些蛮夷小邦为何要和我们通商呀？一个大臣马上跪在前面说，皇上呀，是这样的。这些西夷小邦住在荒蛮、野蛮的海岛上，他们吃的食物特别单一，如果没有我们的茶叶和大黄，他就会肠梗阻而死。道光帝特别仁厚，说原来如此，那就和他们通商吧。所以就批准了一些通商的条件，在十三行允许和他们通商。

当时所谓的大臣都是这样的。我们说林则徐"开眼看世界"，但林则徐一些看法也是这样的。他看到军舰上的英法联军，穿着红色的上衣，扎着白色的腰带，穿着白色的裤子，扎着绑着白色的绑腿，本来个子就很高的英法联军两条腿显得更加细长了。他想，为什么他们的腿这么细，这么长，还能在船上站这么平稳？后来他恍然大悟，因为腿又细又长，脚很大，就像一个白鹤一样站在那里。所以他总结说，他们善于水战，但如果把他们引到陆地上来，他们长长的细腿就会陷入泥沼当中，寸步难行，我们就可以用钩镰枪钩断他的长腿。你想，开眼看世界的林则徐，尚有这样的观点。所以说这样一种优越的心态，影响着几代中国人。

慈禧也不例外，她也是传统文化之下的一个女人，所以对于外族，她是摒弃的，是拒绝的，在这样一种心态之下，能回避尽量回避，能躲开尽量躲开。对于新事物，她接受的时候是有条件的。所以中国历史上就有好多让我们汗颜的事情，第一件应该就是，慈禧的首创，马拉火车。

在西方文化没有来到中国之前，中国社会文化、农业经济的发展是平面式的。人们在山上砍伐树木，去耕耘土地，去河里找食物，对煤炭和其他东西没有进行立体的开发。工业革命之后，人们缺少能源，于是开始去开发矿场，尤其是煤炭，像河北就出现了开平煤矿。开平煤矿要把开出来的煤运出来，从唐山运到营口，从营口到海上，然后再运到天津，或者运到江南制造总局，去支持洋务运动。而当时由于我们没有非常好的交通，就是靠人力和畜力。要运一吨煤出来，比从日本运一吨煤到这个地方还要贵。所以必须要解决交通问题。

这个时期，世界上开始修铁路已经三十年了，于是李鸿章等很多大臣力主在中国修铁路。慈禧就让大臣们去讨论，有的大臣支持，有的大臣坚决反对，说铁路是什么东西，我们大清王朝存在二百多年了，从来没有它，一样自强。还说那么大的声音，会震动地下亡灵的，它所喷出来的烟灰，会污染周围的庄稼。而且当时人们还把很多的自然灾害，像什么天不下雨，洪水泛滥，都和修铁路的主张联系在了一起，所谓天人感应。我们大家知道，这就是源于中国传统文化的一种心理，不愿意接受西方文化，特别是先进文化，认为那些都是奇技淫巧，没有意义，"十三经"、伦理文化才是中国文化的核心。

在这种情况下，慈禧就感到非常为难，是修还是不修？在某些大臣力主之下，修了9.7公里的铁路，从唐山修到了胥各庄。修完了以后，火车头从德国运过来了，大家一看到火车头这家伙，更害怕了。如此又黑又大的火车头，用煤做动力，推动它走，又有那么大的声音，还有汽笛。于是大家又开始纷纷议论。

慈禧一看大家议论得多有道理呀，火车轨道附近正是东陵，咸丰帝、康乾帝、顺治帝都葬在那儿，惊动了亡灵怎么办？于是说火车头不用了，用马拉，中国历史上就出现了令人汗颜的马拉火车的三个月。

清朝在进行洋务运动的时候，中国文化里没有鲜活的近代科技，也没有近代学术，所以恭亲王和李鸿章，都力主把中国的孩子送到国外去学习西方的先进技术。慈禧同意了，派出去120个孩子，分为四批，每批30个，这些孩子被源源不断地送到了美国的家庭里。很多孩子接触到了外在的事物，突然剪掉了发辫，脱去了马褂，像外国的孩子一样，穿上了小小的西装，也学着外国孩子一样，去打橄榄球，做各种各样的体育运动。然后这个时候跟随着的大臣就非常担心，说这些孩子如果都学成这样，不是离经叛道么？就不断地把孩子的状况一封信一封信地汇报给慈禧了。刚开始汇报的时候，慈禧有一点担心。汇报越来越多，她就越来越担心了，这120个孩子学成她所期望的人，行，但如果学不成她所期望的人，那不是白白浪费钱么？在四批孩子送出去以后，第一批孩子有的读大学，有的读高中，第二批孩子读中学，第三批孩子读小学。第四批孩子刚刚去美国不久，慈禧终止了留学计划。当时美国社会极力挽留，但是慈禧坚决不允。没有学成的孩子纷纷回国了，但是毕竟给中国社会留下了很多曙光，比如说学机械的詹天佑，就为我们修了京张铁路。还有一些人，成为了辛亥革命当中优秀的革命党人，包括中华民国的第一任总理唐绍仪。

## 慈禧的缺点之二：权力欲极浓

慈禧还是个权力欲极浓的人。

比如说在儿子 16 岁，已经正常成人，应该把皇权还给孩子的时候，她以儿子独酌不成句，而且不成器为理由，大骂儿子，还是控制着皇权。

然后到光绪 18 岁，该大婚的时候，为了能够掌控他，她把自己长得非常难看的侄女嫁给了光绪帝。光绪帝长得是很漂亮的，面如白玉，可这个侄女已经 22 岁了，是一个待嫁的、很丑的女人，龅牙、长脸、肤色很黑，特别瘦。你可以找一下隆裕皇后的图片，就能看出来。

慈禧自己的儿子同治帝，大婚的时候，本来选择了一个蒙古族的女孩，她的父亲是那一年科举考试的状元。蒙古族的一个人考中了状元，你想他们家的文化氛围是很浓厚的，但是慈禧却不喜欢，她特别喜欢另外两个女孩，后来经常干预儿子的私生活。同治受着母亲的压迫，索性就和他自己的弟弟往外面跑，沾染了很多病回来。

她之所以这样干预，就是对权力的欲望极浓。谁妨碍了她，她就会不择手段地打压。包括和她一同发动北京政变的恭亲王奕䜣，经过她三次打压，到中日甲午战争再提拔起来的时候，已经老迈到不愿发表任何议论。

我们今天用一句歌词来总结慈禧：想说爱她不容易。但她毕竟是中国历史上颇有影响力、叱咤风云 48 年的女人。

我们研究历史，就该还原历史的本真，而不是把它浓墨重彩，按照我们的爱好去梳理打扮。如果把它还原的话，那么我的感触就是刚才我给大家说的这些。这是活生生的一个慈禧，这个慈禧可能与大家心目中的慈禧有距离，那么没有关系，各位朋友可以去翻一翻史书，去找一找你的慈禧是什么样子的。

蒙　曼

　　北京大学历史学博士，现任中央民族大学历史文化学院副
教授，硕士生导师。主要研究领域为隋唐五代史及中国古代女
性史。自 2007 年以来，数次登上央视《百家讲坛》。她对历史
的叙述妙语连珠、引人入胜，语言风格平易而灵活，引起巨大
反响。

# 流星王朝说大隋——盛世兴亡启示录

蒙　曼

今天说的这段历史呢，是隋朝的历史。

## 不可思议的隋朝

隋朝作为一个王朝，它跟整个中国的关系都很密切。关于隋朝，大家最深的印象应该是什么呢？我想应该是不可解，不可思议。隋朝是一个特别让人感觉迷惑和不可思议的时代，为什么？

因为这个时候，"隋富唐强"，隋朝特别有钱，国库储备特别丰富。元朝人编的《文献通考》，是一本典制型史书，讲隋朝时这样讲，"古今称国计之富者莫如隋"。古往今来，说到国库里有钱，没有哪一个朝代能够跟隋朝比。从元朝的角度来回顾，它包括的应该有宋朝、唐朝、隋朝、南北朝、汉朝、秦朝。

《贞观政要》是一本讲唐朝初年，唐太宗李世民和魏征总体上的政论的史书。它给出了具体数字——唐太宗李世民说出来的数字："计天下储积，得供五六十年。"隋朝国库里储存的那些物资，拿到唐朝来用，在不追加税收的基础之上，唐朝的中央政府还可以再支用五六十年。

什么概念？全国人民不劳动，就吃隋朝的东西，能吃五六十年。你说多不多？现在哪国政府敢这样说话？从现在开始，我们国库不再收税，我这儿储备的财富，还可以支用五六十年。中国做不到，美国做不到，任何国家都做不到。这就是"隋富"。

隋朝非常有钱，而且也没有特别严重的外部威胁，是一个很好的朝代。但是，另外一面就是"勃兴忽亡"。隋朝有人说有三代皇帝，那傀儡皇帝其实不能算，其实就是两代皇帝，一共统治了38年就结束了，这就是一个最大的不可解——那么强盛、那么富裕、那么短命，这是怎么组合到一块儿的？

其实我今天给大家做的演讲，主题就是这个。隋朝本来是一个非常强盛的时代，为什么呼啦啦就塌下去了？我们今天可以从中得到什么样的经验教训？

我想说四方面的内容。第一方面的内容，我们就讲隋朝到底有哪些成就。这个问题必须说清楚，如果不把这个高度建立上去，我们甚至不知道跌落下来是多么可怕的一件事儿。我们现在很多人谈到隋朝会有误会，把隋朝的很多贡献说成是唐朝的。还有说这个王朝本身比较黑暗，其实这个王朝一点都不黑暗。然后第二个问题，我们会说这些成就是如何取得的。为什么隋朝能够在短时间内一下子达到这样一个高度。第三个问题，我们想说的是隋朝在这样一个高度的基础上为什么会迅速灭亡。然后第四个问题，灭亡的原因在哪里。

**隋朝的成就之一：统一**

讲隋朝的成就，第一个就是统一。隋朝重新建立了中国统一的多民族国家。有人说，我们讲统一，放在隋朝来讲不如放在秦朝来讲。秦朝是我们第一个建立统一的封建王朝，隋朝统一的意义能够有秦朝大吗？秦灭六国，隋朝其实就是开皇九年平定江南，隋朝的统一能够跟秦朝比吗？

其实隋朝统一全国比秦朝还不容易，道理在哪里？秦灭六国，可是到统一的那个时候，它们都属于华夏民族。秦、楚、燕、韩、赵、魏、齐，有地区差异，有文化差异，没错，但是从主体上来讲，都属于华夏民族的。按照我们现在的说法，主体上讲属于汉人。

隋朝不一样了，隋朝有一个特别复杂的因素，什么因素呢？隋朝之前是南北朝。南北朝的出现应该追溯到东汉。东汉末年，少数民族开始压境，然后到了三国，西晋统一。但是西晋出现了内部纷争，就把那些已经居住在边境地区的少数民族引入内部纷争之中，然后就出现了一个重大的历史事件，"五胡入华"。北方五个大的少数民族，匈奴、鲜卑、羯、狄、羌，进入中原地区，把中原的汉人给赶跑了。他们到了江南，建立了东晋，北方成为了少数民族的天下。然后北方的少数民族和南方的汉族，各自都建立了政权，这些政权纷争是特别厉害的。

首先，在中原建立政权的少数民族，他们和中原当地人的生活方式不一样，生产方式不一样，思想方法不一样，甚至人种都不一样。那个时候进入中原的少数民族，有白种人，比方说羯人，深目、高鼻、多须。所以当时有政权之间的矛盾，有地域之间的矛盾，此外，还有民族矛盾。其实民族矛盾之外，还有文化矛盾。

这些矛盾很深，深到什么程度？以汉人为主的南方和以少数民族为主的北方互相之间都看不起，看不起就要互相贬低。南方人管北方人叫"索虏"，就是索头虏。索头就是像绳索一样的头。什么样的人头像绳索一样？头上梳了辫子的人头就像绳索。大家看电视，都知道清朝人就是梳辫子的，其实不光清朝的满族人是梳辫子的，北方少数民族都有梳辫子的传统。为什么呢？骑马作战，梳辫子方便。

　　南方人歧视北方人，其实北方人也歧视南方人。北方人管南方人叫"岛夷"，生活在小岛上的蛮夷。

　　北方人就这样和南方人互相看不起，折射出来的是少数民族和汉人之间有很深的矛盾，两种文化之间也有很深的矛盾。这样的文化矛盾，其实是最不容易弥合的。到了隋朝的时候，把这个问题解决了。隋朝所谓整合南北，不光是南方和北方的问题，它还是永嘉之乱后，三百年的民族融合问题。

　　隋朝开始的基础是西边的北周，然后整合了北边的北齐，再整合江南的梁朝，不仅仅是三方分裂后的第一次和局，还是汉人和少数民族分庭抗礼之后的第一次融合。这次融合叫什么？我把它叫作"地无分南北，人无分夷夏"。这句话怎么解释？最好的方法是举例子。

　　举第一家庭的例子，解释"人无分夷夏"。隋文帝的第一家庭，咱们先说第一家庭的第一代，隋文帝和他的独孤王后。隋文帝姓杨名坚，从民族成分上讲他是汉人。有人说不对，他有少数民族背景。有少数民族背景不假，但他姓"杨"，自称是弘农杨氏后裔，在他的心里是把自己设定为汉人的。独孤皇后是什么人？很多人说是鲜卑人，对，但不完全对。独孤王后真正确切地说是鲜卑化的匈奴人。从民族成分、从血统上来讲，她是一个匈奴人，但她后来认同鲜卑人的活法，内化为鲜卑人。好，一个汉人和一个北方少数民族走到一起了。

我们刚才讲，当时汉人和少数民族是有矛盾的，那这个第一家庭的夫妻好像应该也有矛盾。但这个家庭没有矛盾。怎么叫没有矛盾？中国古代的皇帝，按我们民间的说法，"三宫六院七十二妃嫔"。隋文帝是中国非常难得的实行一夫一妻制的皇帝，隋文帝在独孤皇后活着的时候，只有她这一位妻子，所以他家"五子同母"。隋文帝一共生了五个儿子，所有儿子都出自于同一个母亲。现在网上说"男人有钱就变坏"，这个坏很重要的一个表征就是开始有不止一个夫人。但隋文帝很有钱，很有权势，却只有一个皇后，这是生活上。

工作上也是。我们知道夫妻两人很和谐，其实有很多机缘，怎么样才能够和谐？首先就是两个人之间要互相相爱，还有一点，有可能造成夫妻两个关系很和谐的，是两个人在工作上能够互相帮助，有共同语言。其实隋文帝和独孤皇后就是这样一对夫妻。在工作上，独孤皇后能够有效地支持隋文帝。怎么有效地支持？两个人在隋文帝漫长的皇帝生涯中，一直共同上朝。

假设讲台这里就是金銮殿，隋文帝坐在这里，独孤皇后就在旁边的贵宾室。在贵宾室干什么呢？听隋文帝决策。大臣提到一件事，隋文帝作出批示了，独孤皇后在那儿听。如果她觉得很对，她不说话；如果她觉得这个批复有问题，马上派判官来递条子。隋文帝看见条子，觉得有些确实比自己的决策高明，就马上依据独孤皇后的意见作批示。

那个时候人们把皇帝叫圣人。这时候其实有两个人在拍板作决定，所以宫里头管这两个人都叫圣人，也叫"二圣"。一提"二圣"，很多朋友都知道，唐高宗和武则天合称"二圣"，其实那是翻唱，人家原唱是隋文帝和独孤皇后。

这叫"人无分夷夏"。再讲"地无分南北"。拿谁的例子讲呢？

还是这个第一家庭，第二代，隋炀帝和萧皇后。隋炀帝是北方人，他出生在现在的西安，当时叫大兴城，就是长安，是一个西北小伙子。萧皇后是南朝萧梁皇室的后裔，那是地道的江南家庭。我们刚才讲，南方人和北方人本来有矛盾，南方人管北方人叫"索虏"，北方人管南方人叫"岛夷"。那第一家庭由南北两方面的人构成，也没有矛盾。隋炀帝主动向江南文化靠拢，娶了萧皇后之后，他就开始学习南方话，学得特别好，好到能像母语一般使用。

咱们都知道，隋炀帝在被杀之前是有很多预感的。他知道天下大乱了，有人想要灭亡他，他就跟萧皇后讲："外间大有人图侬。"你知道吗？外头有很多人在算计我呀。可他不说外间大有人不正，也不说外间大有人图我，他说外间大有人图侬，"侬"，吴侬软语，一个侬字，透露出江南文化的气息来。我们知道人在性命攸关的危急时刻，一定是用母语来表达感情的，隋炀帝能够把"侬"说得这么溜，说明江南文化已经深入骨髓了。

很多人说，隋炀帝这个人很荒淫，建迷楼，看琼花，在迷楼里养了很多很多美女。这是不是真的？也不是真的。隋炀帝一生确实不像他爸爸那样，只有一个异性伴侣，但我们看，他一共有三个儿子，两个儿子是萧皇后所出，还有一个儿子，母亲叫萧嫔。萧嫔的身份现在不确切，但是一般认为是萧皇后的近亲，也就是萧皇后的妹妹或者侄女，相当于中国古代媵妾制度中的那个媵，这个对萧家也是很忠诚的。

另外还有一个事情，让我们觉得两人关系很好。大家都知道隋炀帝整天东奔西走，不太安分。他无论走到哪儿去，身边带着的都是萧皇后。

所以我们说第一家庭是"地无分南北，人无分夷夏"。第一家庭的这种表征，其实是整个国家统一和文化综合的一个象征。所以我们讲，隋朝这一次的统一意义是非常大的。

我们一直讲，中国是统一的多民族国家，中国的统一是不可撼动的，所以各种独立事件都让我们非常敏感，不能容许。这个传统哪来的？不是仅仅秦朝统一一次就可以把这个传统奠定下来了。隋朝之前已经有漫长的三百多年的分裂了，三百多年已经足够形成传统。这三百多年间，很多人可能觉得分裂那简直是毋庸置疑的事情。一个人生下来看到的就是划江而治，一直到死还是划江而治。可是到隋朝统一，划江而治不再存在了。就是因为这样一次一次地不允许分裂的存在，所以我们才能形成根深蒂固的、统一的而且是多民族国家的传统。

讲统一，刚才重点讲的是隋文帝，其实隋炀帝对统一也是有贡献的。隋炀帝的贡献在哪？很多人第一个就想到，隋文帝这次统一，军事总指挥是隋炀帝。但那个贡献不够大，决策者仍然是隋文帝。隋炀帝真正的贡献在于文化。

隋文帝是统一了，派一些大兵把江南给拿下了。第二年，他就开始在江南推行"五教"。"五教"就是仁、义、礼、智、信，也就是我们所说的"五常"。结果从江南一直到岭南，整个原来陈朝的统治范围全部造反。我们会觉得不可思议，没让你干别的呀，就让你念一念"仁、义、礼、智、信"这五个字，还给了你们标准答案，为什么要造反？

打个比方，华罗庚也好，陈景润也好，他们是研究数学的专家，我非要揪着他们背"一加一等于二，二加二等于四"，你说这两位先生会不会愤怒？一定会。事实上当时江南的文化水平是远远高于北方的，北方的皇帝跑来在文化上示威，搞一个"仁、义、礼、智、信"的标准读本，让江南人民家传户颂。这是文化压迫，是一种很深的心理上的打击，所以江南人民全体造反。这说明仅仅靠阶级征服是不够的。在江南全民造反的紧要关头，隋文帝又把后来的隋炀帝，当时的晋王给派到了江南，主持工作。

隋炀帝到了江南之后，首先拜了天台宗的智𫖮大师，就是"智者大师"为师。行弟子礼，一个头磕下去，江南人民服了。为什么？"南朝四百八十寺，多少楼台烟雨中"，我们知道江南佛教文化的势力非常大，在人们心中具有神圣的地位。智者大师是江南人民信仰中的一个文化领袖。征服者晋王代表着北方统治阶级，到这儿拜智者大师为师，意味着文化强硬征服政策的结束，文化融通政策开始。所以说隋炀帝做的是文化统一。文帝的武力统一，加上炀帝的文化统一，才构成了隋朝所有成就中最伟大的一个统一。

## 隋朝的成就之二：制度

隋朝的第二个成就，制度。隋朝建立了非常多的好制度。我们这里给大家讲四个方面。第一个，政治制度中的三省六部制；第二个，文化制度中的科举制；第三个，军事制度中的府兵制；第四个，法律制度建设方面的《开皇律》。

一个制度伟大不伟大看什么？我觉得两个标准很重要，一个是可传承性，一个是可传播性。而我们所说的隋朝的这些制度，都能传承一千年以上，并且亚洲人民曾经都使用过它。

比方说政治制度，我们讲政治制度的代表成果是三省六部制。什么叫三省六部？三省，指尚书、门下、内史三省。六部，指吏、户、礼、兵、刑、工这六部，当然在隋朝叫法上还不完全是这么整齐。这个制度好处在哪里？

任何一个红头文件出台之前，先由三省长官坐下来集体决策，决策出一个方向，方向出来之后，然后内史省就起草这个文件了，再然后门下省审核这个文件，审核之后再放到尚书省去具体落实和执行。什么意思？比方说，当时的中央政府有一个大的构想，说我们要帮助扬州市建世界级城市，要批点钱，一百亿吧。这个大的意见，三省长官坐一块儿协商了，之后由内史省去起草。内史省红头文件草案已经形成了，就放到门下省去审批。门下省拿到这个函之后一看，说这能行吗？今年财政收入怎么样也没有一千个亿，而且还有那么多的城市要发展呢，扬州是一个很好的城市，自我造血能力已经很强了，不用给那么多。然后一决策，给个五十个亿。那么到了尚书省，尚书省说我这有六部呢，我们六个对口支援的方向，五十亿怎么分？再商量商量，给六十亿吧？好，这样经过一层一层地探讨商量之后，最后落实下来，红头文件可能还会呈现出一百亿这样的数字。什么意思呢？没有哪一家在拍脑袋作决定。

如果说集体探讨，探讨不出结果来。比如内史省坚持说一百亿是非常合理的，而门下省坚持说五十个亿已经是最高限额了。这种情况怎么办？最后谁拍板做决定？皇帝。这个就是我们所说的三省制的一个非常重要的方面。

跟之前汉朝的宰相制度比，就是一个很大的进步。汉朝只有一个宰相，皇帝任命宰相，然后宰相有很多下属官员。所有事都由宰相做决策，不需要跟别人商量。所以就出现了事故。什么样的事故？大家都知道，汉武帝是个很强势的皇帝，曾经任命过一个叫公孙弘的人做宰相。公孙弘也很强势，一上任之后，就拼命任命自己的亲信，他的亲信布列朝廷。这个时候汉武帝就很生气，找到公孙弘说了一句话，这句话非常有名，"君除吏已尽未？吾亦欲除吏"。你任命官员任命够了吗，我也想任命几个自己派系的人当官员行不行啊？一个宰相让皇帝觉得为难了，这不是好事。

这样一对比，我们就知道三省六部制的好处在哪里了。第一，它保证一个决策经过几个部门的审核，不是拍脑袋决定的。这就是集体决策的好处。第二，保证君主集权。原来宰相势力曾经很大，现在三省制了，皇帝在这里头体现的作用明显提升了。最后皇帝说了算。

君主集权制和臣子的民主决策制，其实是中国古代社会政治体制发展的一个大特征，三省六部制保证了这个方向的实现。所以这个体制沿用了多少年？沿用到清朝。清朝三省已经取消了，君主集权进一步强化了。在近代的各种制度没有进入之前，中国从中央到县级，一直是按照三省六部这样的程序进行策论的。那么三省六部制能够使用一千多年，是个好制度。这是政治制度。

文化制度举几个例子。举什么呢？隋朝还有这样一个贡献，在于科举。一说科举大家都想到唐朝，其实不是，科举制是隋文帝、隋炀帝父子两代建立的。科举制好在哪？我们也跟科举之前的制度比。

科举之前中国选拔官僚使用所谓的"九品中正制"。它是贵族政治的一个保证，就是用出身决定做官的一种制度，所谓"乡品决定官品"。在乡里品鉴你这个人物，是第几等级的人，然后再根据这个人物等级来排你能做什么样的官。那么这个人物等级是靠什么来决定的呢？靠家世背景。比方说，你这个人家里头已经有四世做三公，连续四代做宰相，乡里品评的时候，你是二品。那么你做官的时候能做什么官呢？做七品官。那如果乡里品评，你不是四世三公，你是三世，连着三代做宰相，乡里品评可能是在三品，做官的时候从八品做起。那如果你家是两代做到宰相，那可能评为四品，从九品官做起。

这个非常厉害，乡品直接对应官品。乡品是由出身决定的，由祖先，由爸爸、爷爷、太爷爷决定的。有人会问，乡里品评为什么不从一品开始？一品是虚位的存在，专门留给孔夫子的，但孔夫子全中国也只有一个，所以乡里品评中一品不存在，最高的品级就是二品。有最厉害的背景，你在乡里品评能到二品，所以这样的小孩一做官就是七品。

有人会讲，有一句话叫七品芝麻官，芝麻官难道很厉害吗？所谓七品芝麻官，是指什么？县长。一个小孩十七八岁，一开始做官就做县长，二十七岁可能就当到市长，三十七岁可能当到省长，然后四十七岁的时候，入朝了，是不是厉害？那如果官品从九品混起，十七岁的时候当个九品，二十七岁的时候当个八品，三十七岁的时候可能到了七品，四十七岁的时候，可能当了六品，就是副市长级。然后呢？古代人寿命一般没有那么长，很多人就没有然后了。如果再从更低级做起呢？那就更上不到一个合理的位置了。所以之后官僚中的中上等级基本上就全被高门子弟把持了。他们就是我们现在比较反感的所谓的官二代。

官二代会引起什么样的社会不满？第一个，平民中的才俊之士不答应。从比例上来讲，也许龙生龙、凤生凤的几率挺高的，一个是受教育背景好，家庭的教育好，眼界宽。但是从人口的绝对数量上来讲，一定是平民子弟中的才俊之士占到多数。为什么？平民多。所以，如果所有的官位都只向官二代开放的话，那么平民中的才俊之士一定是不满的。

还有什么人会不满？皇帝也不满。因为这样的官员是很难忠实于皇帝的。他忠实于家庭。这里涉及中国文化的一个大问题，忠孝不两全。对国家、对皇帝那叫忠，对家庭那叫孝。忠孝不两全的时候怎么办？这个在不同的文化背景下，人们的选择可就绝对不一样。

举个例子，大家都知道，中国有对著名的好朋友，叫管仲和鲍叔牙，管仲和鲍叔牙的交情被称为"管鲍之交"。其实管仲很能干，鲍叔牙没有那么能干，但是管仲一心一意只对鲍叔牙好。为什么？解释很多，譬如，有一个解释是这样的：管仲说，当年我和鲍叔牙一块儿上战场，一遇到敌人我就往回跑。所有人都说管仲真是个胆小鬼，只有鲍叔牙说，不，管仲不是胆小鬼，管仲之所以见到敌人就往回跑，是因为他家有老母。大家想这什么意思啊？忠孝不两全。管仲舍忠而全孝可也。他自己觉得这是一个很好的选择，他的朋友也愿意维护他的这样一个志愿。管仲和鲍叔牙是春秋时代，也就是贵族政治时代的人，他们心目中家是胜于国的。那么皇帝其实不愿意看到这个情况。

我们再举一个例子，另外一个人物就不一样了，岳飞。岳飞的母亲岳母是中国古代四大贤母之一。为什么岳母能成为四大贤母？因为岳母刺字。岳飞面临的是不是同样的局面？金人打过来了，人家岳母主动在岳飞的背上刺了"精忠报国"四个字。家有老母，国有强敌，忠孝不两全，岳飞这是舍孝而全忠可也。岳母和岳飞的境界怎么就比管仲和管母的境界高呢？其实不是个人境界的问题，是因为中间已经经历过隋朝、唐朝，已经经历过一个新的文化洗礼了。这个文化的一个核心成果就是科举制。科举制打破的其实就是这样的一个贵族制的门第。科举制讲英雄不问出处。大家面对的是一张考卷。

科举制给中国带来的影响在哪？第一，社会公平了，所有人都面对同样的选拔。有人说教育资源天生就是不平等的，这是事实。但是至少从大家共同面对一张考卷这个结局上，每个人差不多是有一种平等机会的。第二，凭卷子来选拔官员的这种机制是建立了，考卷是皇帝给的，所有通过科举考试做官的人，都是天子门生。他的官不是从他爸爸手里来的。所以在面临忠孝不两全这个选择的时候，舍孝而全忠可也，才成为中国社会的一个主流。

所以说，科举制的好处是什么？第一方面，社会平等。第二方面，有助于君主集权。我们还是讲，社会平等和君主集权都是中国以后社会发展的方向。所以这个好制度也保留下来了。保留到什么时候？一般我们说保留到1905年废除科举制，但事实上科举的精华、科举的精神在现代仍在延续。谁敢说，高考制度和科举制度完全不一样呢？时间所限，军事制度、法律制度我们就不讲了。我们举了两个代表性的例子，就是三省六部制和科举制，这都是用了一千年以上的制度，我们说这是有可传承性。那可传播性呢？它们传播到哪去了？当时跟中国交往的亚洲国家，有代表性的，日本、朝鲜半岛（那时候叫高句丽），后来越南，这些国家都曾经积极派遣留学生、学问僧到中国来学习中国制度。这跟现在是不一样的。我们今天又讲建立文化强国。有怎么样的文化才叫文化强国？我们现在也到处去建立孔子学院，我一直觉得，这是在向文化强国的方向迈进，但是还没有迈进到一个足够合理的地位。我们今天国际间的交流，交流中国功夫，但双节棍真的可以代表中国文化吗？悬。我们今天也是交换留学生的大国，派出去的留学生数量是全世界第一位的，可是当时我们吸引来的留学生是全世界第一位的。一进一出之间，还是有差距的。

这是我讲隋朝的第二个重要成就，制度。隋朝建立了好多具有可传承性和可传播性的制度，这些制度在以后的朝代也做出了巨大贡献。

**隋朝的成就之三：工程**

第三个，我们讲工程成就。隋朝建立了一些伟大的工程，这些工程在一千年之后仍然形成影响。什么工程？两代皇帝，我们讲两个工程。

隋文帝，我们讲大兴城。这个隋文帝建立的城市，后来直接就变成了唐朝的长安城，这是一个伟大的工程。伟大在哪？

第一个伟大之处，个头大。大到能容纳一百万人口。在当时，全世界范围内，只有大兴城，是能容纳百万人口的城市。从建筑面积上来讲，它是明清时期西安城的将近十倍。它是人类在进入近代之前建立的规模最大、人口容量最大的城市。那有人说，难道人口足够多，城市个头足够大，就应该受到推崇吗？现在北京人口也很多，个头也很大，都环到六环了，但是人多是很大的压力。所以我们说，只有个子大，不算伟大。

第二个伟大处在哪？设计好。大兴城，"千百家似围棋局，十二街如种菜畦"，多么严整。北边是太极宫，是功臣皇帝的地方；南边是皇城，是文武百官办公的地方；周围是老百姓生活的地方。官民分得很清楚。另外在老百姓生活的地方，有专门的商业区，西市，还有东市。当然，这是唐朝的情况。实际上，还有老百姓休闲娱乐的区域——芙蓉池。你看，工作区、生活区、商业区、休闲娱乐区，功能分得非常清晰。

第三点，仅仅人口多，设计好，就能成为优点吗？还不能。一个城市，真想成为一个好的城市，还得有文化。我们举一个例子。大兴城最北边的中心区是皇帝住的，南边是文武百官，然后再往东边是老百姓，为什么这样？这里边是有门道的。它要符合一个理念，皇帝"譬如北辰，居其所而众星拱之"。皇帝是什么？皇帝是北极星，他一在那儿，就起定位作用了，所有人一圈一圈地围着他，抬头望见北斗星。那你说这个文化是现在我们比较讨厌的文化，皇权政治。没错，但皇权政治也是一种文化。能够建立一个城市，能够把这个文化理念体现得这么鲜明，这本身是经过大浪淘沙的。这些特点加在一起，才形成了大兴城的伟大。

怎么就叫伟大？我们刚才讲可传承性、可传播性，中国古代盛世的巅峰唐朝，继续把这样的城市作为自己的都城，就是可传承性；而日本都城，连城市街道的名字都没有变，就直接拷贝过去了，这叫可传播性。这是一个伟大的工程成就。

第二个巨大的工程成就，是隋炀帝的大运河。一提到运河，大家以为就是京杭运河，就是把北京，隋朝当时叫涿郡，和杭州，当时叫余杭，直接连接到一块儿，拉条直线就过来了。我说那是京杭运河，是明清时期的运河。那个运河也挺伟大的，但是从设计理念上来讲，绝对不如隋朝运河伟大。

隋朝的运河可不是走直线的。它从涿郡（北京）开始，没有一直往南修，斜着往西走，走到洛阳去了，然后从洛阳再接着往东南走，经过现在的扬州，然后走到杭州。它不走直线，拐个大弯儿干吗？当时洛阳是中心，一定要用运河把都城和周边连在一起。实际上，这不仅仅是一个连接都城的问题，这是一个平衡的问题。怎么平衡？京杭运河仅仅把涿郡和余杭连在一起，其实仅仅考虑的是东部地区。但是隋唐运河不一样，隋唐运河拐到洛阳去了，洛阳居天下之中。它是沟通了东、中、南。事实上，洛阳和长安之间还是有运河的。长安在西边，就等于通过这条运河把东、南、西、北都勾连在一起了。这是一个全国性的血脉流通。而且全国的士兵也可以流通了，统一可以得到有效保证。

还有跟我们扬州有关系的一件事。没有运河，就没有扬州后来的发展。隋朝一共三十多年，挖运河也是它后期的事情，运河在隋朝其实没有起到那么重要的作用。运河真正起作用是唐朝安史之乱以后。唐朝前期，东边河北河南是大粮仓，西边长安是一个政治中心，东边的资源输送到西边就够了。安史之乱之后就不行了。安史之乱就是从东边起来的，东边起来之后闹割据了，河北和河南的粮食再不往长安运了，那么长安这个政权怎么存在下去？那个时候，我们东南八郡才显示出不可替代的作用，粮食通过运河源源不断地输送到长安和洛阳，运河成了维持整个帝国的生命线，所以唐朝人对运河的评价其实是比较高的，尤其是唐朝后期。

我们都知道皮日休的《汴河怀古》："尽道隋亡为此河，至今千里赖通波。若无水殿龙舟事，共禹论功不较多。"这是唐朝人对隋朝运河的一个评价。扬州的真正兴盛，有所谓"扬一益二"的说法，所谓"腰缠十万贯，骑鹤下扬州"，那都是在中唐以后的事情了。中唐以后扬州真正迎来了自己历史上一个最重要的繁盛期，但是基础是隋朝奠定的。没有这条运河，就没有扬州后来的发展。当然，运河不仅仅施惠扬州，皮日休讲得很清楚，施惠的是整个中国，整个大唐王朝。那后来的运河，也是在这条运河的基础上增多的，它仍然是一条能够工作一千年的河道。古运河，今天还在为扬州经济继续发挥作用——它已经是著名的旅游景点了。

**隋朝的成就之四：国际秩序**

第四个，国际秩序成就，"圣人可汗"。中国是一个大国，毫无疑问，它必须要考虑自己的国际定位问题。中国的国际地位，在历史上不同时期，其实是不一样的。

汉朝的时候，中国曾经是当之无愧的东亚大帝国。汉朝这个东亚大帝国是怎么当上的？打匈奴。我们历史上最著名的两个大将军卫青和霍去病，都是打匈奴打出名的。到了魏晋南北朝的时候，东亚大国的位置丢掉了。因为自己内斗，少数民族入主中原，建立政权，西边和东边就分开了，然后南边还有汉人建立政权。自己内部分崩离析了，还怎么样当大国？

所以魏晋南北朝时期，确切地说隋朝建立之前，北方的东亚大国是突厥。当突厥人崛起于北方，成为东亚大国的时候，整个中原大地上，已经是三分的局面了。西边是北周，东边是北齐，江南是陈朝。陈朝之前是梁朝，宋、齐、梁、陈，是这样一个系统。陈朝因为是江南政权，隔着长江，还隔着北方政权，所以跟突厥的往来不多，影响不太大。北方那两个政权，就直接跟突厥打交道了。突厥人当时很嚣张，嚣张到什么程度？有人跟突厥的可汗讲，说可汗，你军事很强，也要发展经济啊。可汗就讲了一句话，只要南边的两个儿子都孝顺我，我就可以有钱花了。在南边的两个儿子是谁啊？一个是北周的皇帝，一个是北齐的皇帝。为什么北周和北齐的皇帝，都争着要给突厥人当干儿子？因为他们两个人互相打，都希望突厥人能够支持自己。那突厥人到底支持谁？突厥有一个原则，谁弱就支持谁。永远在两个人之间搞平衡，两个人就永远互相打，所以这个干爹始终就能当得很舒服。

隋朝后来整合了东、西、南三方，马上就不肯再给突厥人当干儿子了。开始打他。隋文帝的时候，几场大仗打下来，把他打败了。打败了之后呢？我们刚才讲，汉朝的匈奴是被卫青、霍去病打跑了，匈奴一直往西走，引起了整个从中亚、西亚，一直到欧洲的民族迁徙，所以欧洲因此进入了中世纪。那隋朝是不是也把突厥人给打跑了？隋朝不是。隋文帝把突厥人给打败了，之后隋炀帝接班，就带着大批的文艺团队、高科技和军队去草原巡行。他想干什么？震慑。震慑的结局是什么？打服了。汉朝把匈奴人给打跑了，隋朝通过文艺、科技和军事实力的展示，把突厥人给打服了。服了的表现是什么？他们全纳贡了，称隋朝的皇帝为"圣可汗"。我们都知道唐朝的皇帝在北方少数民族面前称"天可汗"，天可汗那也是翻唱，原创仍然在隋朝，是圣可汗。

那是打跑了好，还是打服了好？打服了好。为什么？因为人越来越多，跑的一定会越来越少。今天人类已经上太空了，从太空回望地球其实就那么大个儿，北极和南极都住上人了，你再想跑往哪儿跑？没处可跑。所以建立国际秩序，重要的不是打跑，而是打服。

隋朝建立了后来整个中原政权国际关系格局中的一个新理念，就是以政治征服和文化征服为主，军事征服以后马上辅之以政治和文化的征服，就是孔子的"远人不服，则修文德以来之。既来之，则安之"。这就是中国特色的和平外交路线。这样的路线一确立，就沿用了一千多年，后来的朝代也一直追求这样的一个方向。

**为什么隋朝取得了这么大的成就？**

为什么隋朝能取得这么大的成就？首先得说，隋朝有好皇帝。领袖非常重要。隋朝的皇帝一共就两个，隋文帝和隋炀帝，他们有共同的特点：第一，有理想；第二，有干劲。他们都想往好里布局，而且都拼命把这个国家往好里去布局。

怎么叫拼命？唐代人对隋文帝有这样的一番说法，说他为"克己复礼，勤劳思政，每一坐朝，或至日昃，五品已上，引坐论事，宿卫之士，传飨而食，虽性非仁明，亦是励精之主"。什么意思呢？隋文帝非常勤快，每一次上朝，都是早晨天不亮就去了，到太阳落山了还不回去。为什么他上朝时间这么长呢？因为他接触的面广，所有五品（相当于现在副省长）以上的官员都能够得到隋文帝的轮番接见。办公时间长还不够，他还"宿卫之士，传飨而食"，到实在该吃饭的时候，传工作餐，大家吃盒饭，宁可吃盒饭也要把事情给办完。隋文帝是一个勤政的好皇帝。

那隋炀帝呢？爸爸勤政的表现是没完没了地上朝，儿子的表现是没完没了地巡游。隋炀帝干了十四年的皇帝，在大兴城，就是最正统的那个都城，待的时间加起来不超过一年。他在东都洛阳待的时间加起来不超过四年，两个都城加起来待的时间不超过五年，也就是说不超过自己统治时间的三分之一。那有人会讲，到处玩难道叫勤政吗？隋炀帝出行可不是到处玩啊，他下江南到江都来还好说，这个路是好走的，日子好过的，但有些地方是请人去也不去的。

比方说他往西边，一直是翻越祁连山的。祁连山现在有公路，当时是要步行的。步行走过海拔四千米的地方，而且夜里要露宿。雨雪交加，粮食也供应不上，在这种情况下，隋炀帝靠两条腿，量过千山雪岭。他仅仅是去玩的吗？他迈过祁连山，是想要把青海和河西走廊都给连在一起，然后把整个西边纳入隋朝帝国的版图。我们现在谁也不敢说，青海不是我们的。但是在隋朝之前，谁也不敢说，青海是中国的。这是一个疆域扩大和丝绸之路打通的问题。

那有人说，往西边走是好的，难道下江南也是好的吗？难道不是为了看琼花和美人吗？下江南最重要的意义，仍然是维护统一。

之前分裂了三百多年，如果皇帝不经常到这里来，这个统一能够有效贯彻吗？还有就是经济文化的流通。隋炀帝到江南也仍然是讲文化，所以建立新的仪仗制度；讲军事，带着士兵来，让南方人看到我们有实力，但是我们愿意实行一种彬彬有礼的风度；然后讲政治，他到这来，本身就是讲政治。通过这样一次一次的巡行，把全国沟通到一块，把全国这盘棋做活，这也是克己复礼，不是一个简简单单的到处玩的问题。

所以我们讲隋朝何以勃兴，是因为两代皇帝，都有非常大的能量，都是勤劳思政。好，问题出来了，隋朝成就很大，领导人很强，为什么二世而亡呢？

## 隋朝忽亡的原因之一：不仁

第三个问题，隋朝为什么会二世而亡？那大家第一反应，很简单，因为江都兵变，因为隋炀帝自己带的一个禁卫军把他给杀了。那为什么他自己带的禁卫军一定要杀他？因为他不想回北方。农民起义，北方回不去了啊。那为什么会农民起义？因为他三打高句丽，三征辽东。那如果这样推的话，这个事情就不好解决了。所有这些问题存在不存在？都存在。但是，那些都是直接原因。隋朝很有钱，国家很强盛，皇帝也很进取，为什么二世而亡，根本原因在哪？为什么它会打高句丽，为什么会有农民起义，为什么会有江都兵变？共同指向在哪？

我们讲国家兴，是因为有好领导，国家亡，还是应该首先追究领导的责任。第一个问题，皇帝不仁。什么叫不仁？孔夫子自己是这样解释的，仁者爱人。所谓仁，就是能够爱别人，这个别人是谁？

对皇帝来讲，就是爱人民。隋朝这两代皇帝，都不能真正、有效地爱人民。怎么讲？

　　给大家举例。隋文帝统治后期，开皇四年，关中大旱，就是大兴城周边地区大旱，大旱就吃不上粮食了，怎么办呢？隋文帝当时采取的措施是带着老百姓去逃荒，古代叫"就食"。到哪去逃荒？关中大旱，到关东去逃荒，就是大兴城大旱，到洛阳去吃饭。为什么洛阳可以吃上饭？第一，旱是有区域性的。第二，洛阳是四通八达之地，可以运粮，所以到洛阳去。怎么去的呢？那当时火车也没有，飞机也没有。大家都走着去，从长安到洛阳这一路是很难走的，皇帝和老百姓一块儿走。

　　这路上有很多故事。比方说，遇到道窄的地方，只能有一个人过，要两个人并排就有一个人要摔下去，这时候隋文帝怎么办？隋文帝牵着自己的马，紧紧贴着悬崖站着，让老百姓先过。老百姓左边挑着儿子，右边挑着女儿，前面挑着粮食，后边挑着衣服。挑不动，隋文帝就让自己的卫士把老百姓的儿女接过来，抱一会儿，让警卫员把自己的马牵过来，把老百姓的粮食和衣服担着，送老百姓一程。

　　大家说你讲反了呀，你不是要说他不仁吗？这个多仁慈啊。唐太宗后来总结这件事儿，说得非常正确，他说："是时库房盈溢，竟不容赈给，乃令百姓逐粮。"当时真实的状况是怎么样啊？关中确实大旱，但只是那一年大旱，前一年没旱，大前年也没旱，库房里堆满了粮食，一直到唐朝这粮食都没吃完。如果你肯开仓放粮的话，老百姓在炕头上就能吃到粮食了，你又何必替他背着儿子、背着女儿、背着口粮、背着衣服。这叫什么？在古代有种说法，叫妇人之仁。

　　古代对妇女有歧视，说妇女的那种仁慈是不识大体，只知道一些小恩惠。隋文帝也是这样的一个人，他看起来很好，但实际上，在选择国库重要还是百姓重要的时候，他选择了国库，没有选择百姓。这是他对人民的一个最根本的认识，人和物比较的时候，他认为物比人重要。

接着隋炀帝还变本加厉了。隋炀帝的不仁是怎样表现的？当时全国人口是四千六百万，被征去服兵役、劳役的，按照我们常熟一个去世多年的老先生胡如雷的一个统计，达到三千万人次。隋炀帝不管是修大运河，还是去打高句丽、打青海，都需要人。兵役、劳役累计是三千万人次，什么概念？四千六百万人里头，有一半男一半女，女性在古代是不服劳役的。所以呢，剩下两千三百万人，两千三百万里头有老有小有病有残，至少去掉一千三百万人，所以当时全国的有效男丁顶多一千万。这一千万人，服了三千万人次的劳役，意味着一个人至少要服三次劳役，这就非常可怕了。因为中国古代小农经济特别脆弱，如果家里的青壮年男性不去种田的话，这一年的粮食就要绝收。那如果全国家庭的青壮年男性普遍都不能顾及到农时，都要到战场上或者是在工地上去的话，老百姓的生活怎么保证？

隋炀帝一次一次搞工程。他从大业八年开始打高句丽。在打仗之前的八年，他干了多少事？北巡，西巡，建江都宫，修运河，建东都。所有这么多大工程都在这八年的时间去完成，每个人都在工地上。后来，从大业八年开始，就是每个人都在战场上。工地加战场，工地加战场，田地呢？没有田地，也没有生活，所以为什么隋朝会形成举国皆反的局面？老百姓真的活不下去了。唐朝的魏征曾经讲过这个事情，说难道每个老百姓都想当皇帝么，有这样志向的人太少太少了，关键是每个人都活不下去了，被迫揭竿而起了。这叫什么？这叫土崩。我们讲，隋朝亡于土崩瓦解，这个就叫土崩。因为皇帝不顾及人民的幸福，只追求国家的建设，老百姓的日子活不下去了。这是第一个理由，不仁。

## 隋朝忽亡的原因之二：拒谏

隋朝二世而亡的第二个理由，拒谏。怎么拒谏呢？隋文帝虽然说每天都召集五品以上的官员论事，但是他不肯信任百司，每事皆自决断。看似在跟你商量，最后所有的事，都是他拿主意。

隋炀帝在这个问题上也是变本加厉了。隋炀帝这个人很开诚布公，什么话都说得明明白白，他自己有一段著名的话，"我性不喜人谏，若位望通显而谏以求名者，弥所不耐。至于卑贱之士，虽少宽假，然卒不置之地上。"什么意思？我生性最恨别人提意见，如果你都是大官了，还想通过给我提意见来赢得好名声，那么我尤其讨厌你，当即就要干掉你。如果你是一个小官，是一个卑贱之士，想要通过这种方式升官，我倒还可以稍微理解你一下，稍微让你多活几天，但是最终不会让你生活在地平面以上。他爸爸是假装在听，他连假装都不肯了。

我们刚才讲，皇帝不仁最终会得罪百姓，那皇帝拒谏得罪什么人？官员。我们今天渠道这么畅通，大家都写写微博，可古代没有这些，古代能够提意见和建议的是大臣。隋文帝和隋炀帝都不让大臣提意见，这样问题就很多，其中有一条很重要，就是剥夺了官员的主人翁责任。官员为什么要谏？官员是有头脑的人，想为国家负责任，他从自己的角度提出自己的想法，如果他的想法被尊重了，他会觉得自己是国家政治机器中不可或缺的一个成员，会产生和国家休戚与共的这种感觉。如果把百官都变为秘书，实际上你虽然给他官做，给他社会地位，给他钱了，但是剥夺了人之为人的最重要的一个发挥自己能量的精神需求。那这些官员就不会觉得他和政治有直接关系了，因为他没有发言权。当这个国家出现问题的时候，他也不再想怎么样解决这个问题了，他想什么呢？大多数人想自保，另外一些人有点野心、有点能耐的人，想我怎么样在这个混乱中分一杯羹，得一点自己的利益。谁这样想的？最具代表性的就是李渊。李渊是分了一杯羹，最后官越做越大，就做成了唐朝。

这个过程叫瓦解。我们讲隋朝亡于土崩瓦解，土崩是失去了人民，瓦解是失去了官员。皇帝统治的不就两个层面么，一个是百姓，一个是官员。百姓不服了，官员也不服了，那不亡更待何时？

## 隋朝忽亡的原因之三：纵欲

为什么二世而亡？第三个很重要的问题，因为纵欲。大家一听纵欲这个词，可能觉得就是所谓的花天酒地、纸醉金迷，是不是这样？这隋炀帝的确是，比方说建迷楼，要把多少多少姑娘骗进迷楼之中。有没有这样的事？隋炀帝到后期有。但如果只有这样的事，说实在的，不足以造成一个国家的灭亡。

关键是隋朝两代皇帝，纵什么欲？他们最大的欲，其实是建功立业。建立什么样的功啊？隋炀帝是"辚轹轩、唐，奄吞周、汉。子孙万代，人莫能窥"。轩辕、唐尧都比不上我，西周、东周和汉朝都比不上我的朝代，这是讲前无古人。"子孙万代，人莫能窥"是讲什么？后无来者。其实，隋朝的两代皇帝，特别是隋炀帝，做的最大的梦，就是前无古人、后无来者。为了实现这样的一个欲望，他们才大干快上，所以一大批工程非常着急地就上马了，大的战争迫不及待地就开始打了。这些事情有没有错？可以说都没什么错，包括打高句丽。其实不光隋文帝打，隋炀帝也打，不光隋炀帝打，唐太宗也打，不光唐太宗打，唐高宗也打。为什么几代皇帝要连着打？有两个理由最重要。第一个，汉朝的时候，高句丽是汉朝领土不可分割的一部分。你既然想超过汉朝，连领土都收复不了，这像话吗？第二个，中原政权怕什么？就怕东北和北方。举最简单的例子，明朝时期，满蒙一联姻，明朝接着就完了。隋炀帝在什么情况下发誓要打高句丽的？他在突厥那儿看到了高句丽的使者，这意味着什么？东北的高句丽和北方的突厥想要联合，这对他的政权是非常不利的，所以要打。

打也没有错，建设也没有错，错在哪？错在节奏乱了，太快了。我一直跟我们学生开玩笑啊，说隋炀帝这个人，精力非常好，理想非常高，能力非常强，像跑步，他是刘翔，或者他比刘翔速度更快，他希望老百姓也都以跟他一样的速度来奔跑。你跟不上的时候，他不觉得是你能力不够，他觉得是你没好好跑。你不好好跑怎么办，他打你，用制度来镇压你。最终老百姓倒在鞭子下面了。他不会因此觉得你很可怜，然后调整自己的节奏。他不仁，他会觉得你这样的笨蛋没有资格活在我的统治里，你死得活该。所以他真正的欲望在这里。这个欲望其实倒是可能提醒很多人，每个人、每个单位、每个国家的追求，都要讲步骤、讲节奏、讲速度。

## 如何评价隋朝的皇帝？

第四个问题，隋朝两代皇帝的评价问题。我们刚才讲，国家兴，本质上讲取决于民，但追究责任要追究君。隋朝的两代皇帝是什么样的皇帝？

先看皇帝怎么分类。因为我们中国帝制很漫长，有好几百号皇帝，怎么分类？有人分十类，有人分二十类，我个人觉得分得越细可能越记不住，对不对？如果说五百个皇帝分五百类的话，当然说分得最细腻，但事实上你就没有意义了。我个人觉得，最重要、最核心的分法，明君、暴君、昏君。如果说再稍微细致一点的话，在明君之上应该是圣君，在暴君、昏君之间还有庸君。

什么叫圣君？有功有德，功德相映。比如唐太宗。什么叫明君？有功有德，但是功德不足够平衡，比方说功可能要大于德，或者说德大于功，但本质上既有功又有德，隋文帝就是这样。什么叫暴君？有功无德。功劳建立得很大，但是做君主的德行不够，隋炀帝就是暴君。什么叫庸君？有德无功。举最简单的例子，宋襄公。大家都知道，别人打仗打过来了，正好渡河，他手下将领讲，主公，打吧！宋襄公说，那多不道德，人家一半人在河里呢，得等他们上岸才能打。好，对方上岸了，形势对自己已经很不利了，将领说，这时候打吧！伤其十指不如断其一指，我们找他一个军团，集中力量打，一定要各个消灭。宋襄公就说，别呀，你看那个兵团里头，有些人头发都花白了，你们打的时候要挑着打，看见二毛之人（有黑有白叫二毛之人），你们可一定要放掉。顾虑重重地打，能打赢吗？这叫有德无功，他道德，但是干事绝对不行，是庸君。最差的是什么？昏君，无功无德。

隋朝两个皇帝，文帝是明君，有功有德，但功德不足够匹配，简单地讲，功高于德。炀帝是暴君。炀帝非常有才干，非常有胆略，非常有智慧，但是，他没有考虑到自己的才干、胆略、智慧，要和老百姓的能力以及幸福感取得平衡。所以《隋唐演义》有一个说法特别漂亮，"莫道有才能治国，须知亡国亦由才"。隋炀帝太有才干了，但是这个才干使得人民群众付出的代价太大了。过分追求规模和速度，忽略了人民群众的承受能力，他是暴君，但是他不是一个昏君。

## 隋亡的启示

最后我们讲讲隋朝的历史教训。我想是有四个。

第一，居安宜思危。隋炀帝为什么那么折腾？关键是隋文帝给他留的底子太好了，国库太满了，他以为折腾折腾没事。你看中国历史上，贫弱起步的时代往往容易做好，比方说唐朝，唐初那是千里之地皆为茅草，然后统治者就知道要固国，贞观之治出现了。但是一旦安乐下来，人容易忽略这些潜在的危险，容易大干快上，追求好功，好功了正好那就容易栽跟头。

第二个，恃才勿傲物。我们刚才讲隋炀帝有没有才？太有才了。但是中国有一句话：智者千虑必有一失，愚者千虑或有一得。所以最大的智者应该是听愚者的。什么叫听愚者？不是说这愚者说一件事儿你就得同意一件事，那你比他还蠢，真正的智者是倾听所有的意见，选择出最有价值的意见。隋炀帝不是这样的，他是一个恃才傲物之人。他讲，你们不要以为我是接我爸爸的班当的皇帝，要是让我和士大夫一块儿考科举，我也坚信我一定是你们的皇帝。是不是呢？还真的是，你考作诗，隋炀帝也能当皇帝的，可是这并不意味着他讲出来的每一件事都是对的。可他又只信自己，那小错误就变成大错误了，大错误可能最后成为不可估量的错误，最后垮台。

第三个，功业不是一切。隋朝两个皇帝，其实都有功，那么多的制度建立起来了，那么多基本建设搞起来了，这都是在一千多年之后还熠熠生辉的东西。但是另外一方面，他们对大臣是苛刻多疑，让大臣的能量发挥不出来；对百姓冷漠忽视，让百姓们日子过不下去；对社会急功近利，没有掌握好一个国家运营的基本速度和基本节奏。所以整个社会是缺乏一种精神和道德的，最后就土崩瓦解了。

最后一个，人民值得尊重。我们经常面对的一个话题，就是一个衰乱的王朝之后，是一个兴盛的时代。为什么秦朝之后会有汉朝，隋朝之后会有唐朝？其实这两个坏的、短命的王朝，功劳都挺大，制度建设都很好。但就是有一个问题，丧失民心。所以下一个王朝，第一，它可以在零起点起步，只要稍微对老百姓好一点儿，老百姓就会感恩戴德，就会支持它。第二，后面接着的两个朝代，都看到了最惨痛最深刻的历史教训：老百姓看起来像蚂蚁一样，但是一旦集中在一起，就有最大的力量。大到什么程度？唐太宗得出了一个著名的结论：君，舟也；人，水也。水能载舟，亦能覆舟。因为有了这样的一个历史教训，所以唐朝才能够在它的统治时期，注意到隋朝所忽略掉的一些问题，表现出一种宽大、柔和、仁慈的迹象。所以唐朝才会在隋朝的基础上，跃上中国历史的巅峰。这是隋朝给唐朝的教训，恐怕也是历史给我们的教训。

都本伟

辽宁大学、沈阳师范大学教授，博士生导师，加拿大多伦多大学访问学者。曾出版《人的希望》《人之心》《西方哲学引论》《时代的嬗变》等二十余部专著、译著。发表论文百余篇。

# 一代天骄成吉思汗

都本伟

可以说，任何时代、任何民族都需要有自己的伟大人物，成吉思汗就是13世纪我们蒙古族的伟大人物。他名叫铁木真，生于1162年，即南宋高宗绍兴三十二年，1206年建立大蒙古国，卒于1227年，即南宋理宗宝庆三年，享年66岁。"成吉思汗"是1206年蒙古族的斡难河忽里台大会，众部落的可汗推举他为大汗时上的尊号。

那么"成吉思汗"在蒙古语里是什么意思？是拥有海洋大陆的大酋长。从这里就可以看出蒙古族的伟大抱负和蒙古人民对于他寄予的巨大期望。我们知道，地球上除了海洋就是陆地，人类在海洋无法生存，可见公元1206年蒙古建国的时候，蒙古人就有统治世界的抱负和野心。

可以说成吉思汗生活的年代是烽火连天，战争不断。然而乱世出英雄。越是沧海横流，越能显示出英雄本色。

我用四句话概括13世纪：第一句话，中国各民族兄弟实现了大融合；第二句话，分裂了四百余年的中国实现了第四次国家统一；第三句话，13世纪中国打破了闭塞的状态走上了历史舞台；第四句话，人类的版图发生了翻天覆地的变化。我们知道，我们现在领土面积是960万平方公里，但是成吉思汗和他的子孙们缔造的蒙古帝国的面积是三千万平方公里，面积非常大。当时的版图，有察合台汗国，还有现俄罗斯，中亚，吉尔吉斯斯坦，土库曼斯坦，伊朗，伊拉克，甚至战火纷飞的叙利亚。可以说那时人类历史的版图发生了翻天覆地的变化。那么这一切都与一个伟大的名字相联系，就是成吉思汗。

大家都知道毛泽东对于成吉思汗有个评价，就是"只识弯弓射大雕"，他把成吉思汗与秦皇汉武，唐宗宋祖相提并论，我觉得毛泽东是有英雄主义气概的，藐视帝王将相，但是这句对成吉思汗的评价是有失偏颇的。在美国权威媒体组织的对全世界千年伟人的评选中，成吉思汗排名第一，也有权威媒体将成吉思汗评选为前五位。

那么成吉思汗做了什么事情呢？做了三件事。第一件就是统一蒙古各部，第二件是南下伐金，第三件是西征亚欧。今天围绕成吉思汗的三件大事，我讲三个部分。

**成吉思汗的铁血传奇**

第一部分，成吉思汗的铁血传奇。

蒙古族是我国北方的一个民族，有不少传说，有不少神话，也有不少历史记载。有这样一个传说，太阳有两个女儿，大女儿海斯特嫁到了南方，就是汉族的先祖，二女儿叫蒙高丽，嫁到了北方，就是蒙古族的先祖。还有个传说，苍色的狼和白色的鹿生下了蒙古族，所以蒙古族的性格中就有比较勇猛的成分。但无论是传说还是神话都不足为信，我们现在探讨蒙古族的起源。

蒙古族是东胡，与契丹、鲜卑和突厥有共同的起源。《旧唐书》

称蒙古人是蒙兀氏，这个蒙兀氏是契丹人的别称，可以说，蒙古族就是契丹人的一支，当时为森林的狩猎部落。秦汉之际，被匈奴打败，后来变成几个部落。后来蒙古部迁居，迁到了斡难河（就是现在的鄂嫩河）上游的不尔罕山，现在的肯特山，成为草原的游牧民族。唐代安史之乱之后，中原地区形成了五代十国，可以说是非常混乱，蒙古后来演变成为五个部落，用现在的话讲就是五个国家，这五个部落纷争不已，这时候呢，铁木真降生了，拉开了一个新的时代。

我们把这个时代分为三部曲。第一步，统一蒙古高原。在草原上，狼吃羊是普遍的生存法则，要想生存就必须磨炼狼的能力。可以说，铁木真统一蒙古的想法，少年时萌生，青年时积蓄，壮年时完成，是为报父仇，也是为血族恨，更是为了争发展空间，为民族争发展的权利。

那么这个统一蒙古可以分为三个阶段。

第一个阶段从铁木真出生到 22 岁。1162 年，铁木真降生了，而且他降生的时候手握凝血，凝血的形状就像蒙古族战斗时所拿的长矛的形状，非常奇特。

他的母亲诃额仑，也称月伦夫人，过去是蔑儿乞部的媳妇。蒙古族有个婚俗，就是抢婚，铁木真的父亲也速该是乞颜部的首领，打猎的时候从蔑儿乞部将月伦夫人抢回来，这是个传奇。生成吉思汗的时候，也速该抓到了塔塔尔部的首领，叫铁木真兀格，也速该就把自己的新生儿起名为铁木真。把敌人的名字拿过来给自己亲生儿子用，这也是个传奇。

铁木真 9 岁的时候，他的父亲也速该带他去乞颜部历史上通婚的一个部落弘吉刺部相亲，弘吉刺部的一个老人一眼就看上了铁木真，就把自己的女儿孛儿帖许配给了铁木真。孛儿帖 10 岁，比铁木真还大一岁，用现在的话说叫定了娃娃亲。这时候，大家大喜过望，铁木真的父亲也速该在返回的途中，参加了塔塔尔部的宴会，曾被也速该俘虏的酋长铁木真兀格之子就在酒里下了毒，也速该就在回家的路上被毒死了。这也是个传奇，一见定亲，随即丧父。

也速该去世后，主儿乞人又把铁木真家仅有的八匹马偷走，铁木真追了六天六夜，趁着天黑的时候把八匹马牵回来了。主儿乞人知道之后连夜追，铁木真弯弓射大雕，铁木真射雕英雄的美名传遍了草原。

铁木真和孛儿帖结婚之后没多久，蔑儿乞人抢走了他的爱妻。蔑儿乞人也就是他母亲月伦夫人最开始嫁的部落，他母亲被他父亲抢来了，他媳妇又被蔑儿乞人抢走了。他联合他父亲的安答，就是他父亲的朋友，克烈部的王汗，还有自己的安答，札达兰部的札木合，击败蔑儿乞人，抢回了自己的媳妇。这时他22岁，这是第一阶段。

接下来，是第二阶段，22岁到44岁，就是铁木真打败蔑儿乞，坐上了蒙古大汗。

铁木真接受了一万多部众，乞颜部各族和其他部落都来投奔铁木真。铁木真同时摆脱了对札木合的依赖。蔑儿乞被打败之后，因为札木合是异族血统，在蒙古族内部不被接受，因此都投靠了铁木真。

1189年，铁木真被推为乞颜部的可汗，用铁血手段统一了蒙古高原，有五战。

第一战就是十三翼之战，打败了札木合。札木合集结了十三支部队围攻铁木真，铁木真也相应地组织了十三支部队迎战。这次十三翼之战由于铁木真部队的力量比较弱，战斗之后就撤回，败走。但是道义上铁木真取得了胜利，因为札木合取得胜利之后架起了几十口大锅，来烹煮上千俘虏，引起了部众的不满，所以这次虽然札木合军事上取得了胜利，但是道义上他是失败的。

第二战是阔赤田之战。铁木真联合王汗，在阔赤田，就是在今天黑龙江的贝尔湖哈拉河上源处，与乃蛮部、塔塔尔等部及札木合的联军大战，札木合联军覆没。札木合战败之后其部投降了克烈部王汗，泰赤乌部投降了铁木真。

第三战，铁木真乘胜追击，征讨塔塔尔部。塔塔尔几位首领非败即逃，从此蒙古高原就剩下了铁木真的蒙古部，王汗的克烈部，和西方的乃蛮部。

第四战就是攻灭克烈部。当时王汗的弟弟勾结乃蛮部叛乱，王汗投奔了铁木真，后来两人在札木合的挑拨下反目成仇。再后来铁木真直捣王汗的金帐，王汗被乃蛮部杀死，克烈部覆灭。

第五战就是征服乃蛮部。至此，蒙古高原残余的其他部落都集结到乃蛮部做最后的挣扎。纳忽崖一战，乃蛮部也被彻底歼灭。铁木真儿时的伙伴，后来的敌人，札达兰部的首领札木合，被装入袋中绞死。

1203 年，铁木真从阿尔泰山的前线回到了斡难河的源头。可以说自 1202 年以来，铁木真扫平了蒙古高原上的各个部落，与蒙古部并驾齐驱的五大部落，被他土崩瓦解。东起兴安岭，西到阿尔泰山，南到阴山，北到西伯利亚，目前我们的内蒙古，以及外蒙古、俄罗斯部分地域都被铁木真所掌控，成为了蒙古国的领土。至此，诸部首领召开忽里台大会，一致推举铁木真为蒙古族的大汗，统领蒙古各部，从此蒙古成为草原各部的总名称。

因此真正的蒙古族也是由铁木真来缔造的，融百姓为一家，收万世为一家，他们以共同的经济基础、共同的语言文字、共同的风俗习惯、共同的法律为纽带，形成了统一的民族共同体——蒙古族，蒙古就是归附的草原各部的总名称。

第三个阶段就是 44 到 49 岁，尽情北伐，三征西夏。开始北伐、西征、南征了。

蒙古成立后，开始北伐，征服了多个森林部落。1205 年，铁木真以三子征婚为借口，首次进攻西夏，占领了利津。1207 年，再次攻打西夏，攻破了斡罗孩。1209 年又进攻西夏，水淹中兴府，也就是今天的宁夏首府银川。西夏见势不妙，求和，拆散了西夏和金的联盟，解决了铁木真伐金的后顾之忧。这是第一步。

第二步是南下伐金。女真族击败了辽国，打败了北宋，建立了金朝，经过百年经营，金国兵力百万，人口四千万，而此时蒙古人口一百万，兵力十万。成吉思汗伐金有其政治原因、经济原因、文化原因，但是导火索是血族恨。

南宋绍兴年间，蒙古有个首领叫俺巴孩，是个大汗，被金人钉死在木驴上，埋下了仇恨的种子，这就是导火索，要报仇雪恨。第二是经济原因，就是为了解决生存的危机。大家知道，蒙古族生活在北方的高原，风调雨顺的时候，可以牛羊肥壮，但是遇到自然灾害的时候，生产会受到严重破坏，经济上的乍起乍落还会导致政治上的乍盛乍衰，所以游牧民族就是要去抢，用武力向中原挑战。第三个，政治上，蒙古族，包括成吉思汗本人，从他名字上就可以看出，有统治中国的野心。

伐金战争从 1211 年开始，一共打了七年，有几个重要的节点。

第一个节点就是决战野狐岭。1211 年，成吉思汗在他的根据地肯特山、斡难河只留了两千兵力，其他的十万大军倾巢出动。金朝仓促应战，四十万大军集结野狐岭。成吉思汗命令他的大将木华黎率领突击队进攻，金军一触即溃，金朝行省被攻占。

第二个节点是两战居庸关。1212 年 7 月，攻占大同。1212 年秋，第三次伐金，绕道攻取紫荆关，打开了进入中都的通道。中都就是现在的北京，当时的名称和现在的不一致。当时的北京是内蒙古赤峰市的宁城，南京是开封。

第三个节点是攻占金中都。居庸关大战之后，成吉思汗兵分三路，横扫中原，几乎攻占了黄河以北所有的郡县，围攻金中都。当时金宣宗献出了公主和金银财宝求和。1214年5月，金宣宗南迁开封，成吉思汗再次围攻中都。1215年5月中都守将自尽，中都陷落。

第四个节点是木华黎父子侵略中原。1216年春天，花剌子模国杀死了成吉思汗的商队，成吉思汗亲自率军西征，西征之前把侵略中原的任务交给了自己最信任的大将木华黎。木华黎受命专征，攻占山西，放弃了以杀掠为主的作战方针，管理城府，安抚百姓。木华黎死后，他的儿子孛鲁攻占了山东、河北，摧垮了金朝，统一了北方。可以说这是成吉思汗对于中国历史的一个重大贡献。

第三步是西征亚欧。可以说成吉思汗在世界的影响并不是因为他统一蒙古，南下伐金，而主要是因为他的西征。西征的起因是花剌子模国王的兄弟杀死了成吉思汗派往西域的商人，450人的商队。花剌子模国王知道之后没有惩罚他的弟弟，反倒袒护，那么成吉思汗就派使者去讨说法。花剌子模的国王不仅不去斥责他的弟弟，还一并杀死了成吉思汗的使者。在当时社会，国与国之间杀十个人也是犯大忌的，也会引起国与国之间的战争。因此成吉思汗拍案而起，集结大军，四个儿子，还有他的大将哲别，全部上战场，一共是四路大军，他大儿子术赤，二儿子察合台，三儿子窝阔台，四儿子拖雷，四路大军杀向西域。

这个时候，也是世界历史上的重要阶段，以征服和战争为主题的阶段。征服更多的土地，可以说也是成吉思汗出兵的终极原因。此时

扬州讲坛

他的重要对手就是花剌子模国王。花剌子模国王本身就是世界的征服者，所有的中亚国家都被他征服了，他计划在征服伊斯兰世界之后，征服现在的俄罗斯，还有东方世界。当时的伊斯兰教主哈里发派使者向成吉思汗求救。所以西征的原因除了他的商队、他的使者被花剌子模国王所杀，还有就是哈里法的请求。

在出师之前，成吉思汗父子发生了关于长子术赤的出身和汗位的继承的争议。蒙古族有抢婚的风俗，我们知道，铁木真的父亲也速该把他的母亲抢婚抢过来，铁木真的媳妇又被抢走。而在铁木真抢回他的媳妇之后，发现媳妇已经怀孕了。不久术赤出生，术赤是否是铁木真亲生的也成为了疑问。他的儿子们，二儿子和三儿子好，大儿子和小儿子好，那么首先二儿子和三儿子发难，说术赤不是亲生的。成吉思汗就说了，术赤是我生的长子，你们不要争了。但是他心里也有疑虑了，长子继承是历史传统，本应该把王位继承给长子，但是他把王位继承权给了三儿子窝阔台。所以这个问题没有得到根本解决，他的解决办法就是征伐更多的土地，供儿子享有。这也是历史的一个重要争议。

接下来从 1217 年到 1227 年，其间也是历时七年，有五次重要的历史节点，五个重要章节。

第一个章节，序幕，歼灭西辽。大家知道，西辽的国王是大辽的后裔，人称古儿汗。1208 年，蒙古乃蛮部的太阳汗屈出律逃到了西辽，被召为驸马，后来屈出律看到古儿汗年事已老，联合乃蛮部残余，夺取了西辽国的国土，西辽就在现在的新疆维吾尔自治区。所以后来成吉思汗西征就拿这个对手祭旗。1218 年，大将哲别率军两万攻打西辽，活捉屈出律，至此，西辽被并到了蒙古国，西辽覆灭。

第二个章节就是征服花剌子模。当时这个国家占有中亚的全部，附属国有几十个。成吉思汗兵分五路，分别有察合台、窝阔台、术赤、他本人，还有拖雷，先后拿下了边界各个重镇。成吉思汗亲率大军，很快攻破了新首都撒马尔罕，全歼守军，国王摩诃末仓皇出逃，病死在里海的一个小岛上。随后窝阔台亲自率军攻打花剌子模的旧都玉龙杰赤，大战七个月，两军对垒不行就巷战，最后成吉思汗的部队，可以说全歼守军。1221年春，成吉思汗荡平了波罗的海、波斯湾沿岸，至此，中亚陷落。这是开篇。

第三个章节，进攻欧亚大草原，这是中篇。在荡平了伊拉克，击溃了吉尔吉斯斯坦，打败了阿塞拜疆之后，1221年10月，派大将哲别率军进攻钦察大草原，就是俄罗斯的大部领土，包括伏尔加河、贝加尔湖的沿岸，击溃斡罗思联军，联军统帅基辅侯被迫乞降，全部斡罗思将士被成吉思汗的铁骑杀死。这个远征队纵横驰骋斡罗思，直至克里米亚。1223年年底，伏尔加河，里海、咸海都归于成吉思汗，这是第三个篇章。

接下来就是第四个章节，回军灭西夏。这部分在西征之内，是西征的尾声，也是西征的重要组成部分。1225年，成吉思汗凯旋后，将西域分给四个儿子。成吉思汗认为只有征服西夏才能拆散金夏联盟，为此，当年秋天，不顾七年西征和64岁的高龄，亲自率军西征，在黄河边上歼灭了西夏的主力，包围了西夏的都城中兴府，就是今天的宁夏银川。西夏末代皇帝向成吉思汗交出了祖传的佛像和金银财宝，要求宽限一个月，献城投降，而当时成吉思汗已经是病入膏肓。

成吉思汗死于1227年8月25日，阴历是7月12日，病逝于清水县的六盘山，终年66岁。对于成吉思汗的死，学术界有两个说法，一个是长年征战，回到黄河边是夏天，得了一场热病，一命呜呼。还有一种说法，是回程当中围猎，被野马所撞，掉下马来，摔伤，很严重，在现在的鄂尔多斯境内养病，没有养好，最后离世。

在他死之前，留下来三条遗嘱。一是王位传给他的三子窝阔台为汗、四子拖雷监国；二是怎么样灭金；三是怎么样灭西夏。成吉思汗死后秘不发丧，怕答应献城的西夏反悔。拖雷按照遗嘱杀掉西夏末帝，进城屠城，西夏灭亡，是成吉思汗死后不久的事情。

蒙古族有一个习俗就是密葬，成吉思汗也是被密葬。成吉思汗究竟被葬在何地，史学界也是一直颇有争议。基本上有两个说法，一个是回到了他的故乡，斡难河，肯特山。但是史学界也有另一种说法，认为这不可能。为什么？因为清水县六盘山离他的家乡有两千多公里，这样远的路程而且还要在夏天长途运输，杀掉回乡途中的所有人，这个是不可能的，所以可能是葬在当地。现在鄂尔多斯有一个成吉思汗陵，不过不是他的真陵，是他的衣冠冢。据说万匹马荡过他的埋葬地，使其不留痕迹，所以现在成吉思汗葬在何地仍然是个谜。

第五个章节就是续篇，是他子孙的征战。1235 年，窝阔台派拔都征战。拔都已经是成吉思汗的第三代了，是他第一个儿子术赤的儿子。拔都二度西征，横扫了俄罗斯、匈牙利、德国等地，据说现在匈牙利等地还有蒙古人聚居的村庄，保留了蒙古人的语言文字和风俗习惯。拔都建立了钦察汗国。

1252 年到 1260 年，大汗蒙哥派拖雷的第五个儿子旭烈兀再次西征。这次西征的是现在战火纷飞的叙利亚、伊朗、伊拉克等地区，建立了伊利汗国。

成吉思汗和他的子孙三次西征，征服的国家是 11 个，现在来看是 40 个国家，部落民族 600 多个，占领领土 3 000 万平方公里。可以说成吉思汗和他的子孙被称为世界的征服者，从地中海到朝鲜半岛，从俄罗斯的西伯利亚到南印度都属于他蒙元帝国的统治范畴。

那么在这一部分最后我要说的是，为什么成吉思汗能够百战百胜？我自己的观点是回到了马克思的历史唯物主义观点，生产力决定生产关系。当时蒙古族的生产力是比较发达的，特别是表现在军事上。比如说骑兵，当时没有飞机，骑马比步兵双脚走路要快得多，所以他的闪电战就可以发动起来；还有就是他的兵器，特别是这种铁骑，他的武器主要是长矛、大刀和弓箭，在两军对垒的时候，首先万箭齐发，杀伤对方的有生力量，然后骑兵用长矛进攻，所以战斗力非常强。再有就是蒙古族的生活习惯，大战在即，粮草先行，蒙古族军队能够打下这么大片的国土，怎么做到后勤补给？从小吃炒米，吃奶酪，吃牛肉干，牛肉一风干就是牛肉干，带炒米防腐蚀。另外每个蒙古战士每次出征的时候都带两匹马，一匹累了立马换另一匹。所以这支军队为什么有战斗力？与他们的先进武器，快节奏的骑兵有非常大的关系。这是我讲的第一部分，成吉思汗的铁血传奇。

**成吉思汗的性格密码**

下面讲第二部分，成吉思汗的性格密码。

我们考察一个历史人物的功过得失，不仅要考察时代背景，历史环境，也要从主观上探讨他的性格特征、心理特征。西方有个重要学者叫荣格，主要是研究心理的，我们大家常说的"性格决定命运"就是从他那里来的。

成吉思汗建立了赫赫武功之后，究竟是什么样的文化，什么样的性格让他能够统治世界呢？所以我们在这部分要分析他的性格特点、人格特点。

人的基本特征当中，既有与生俱来的、核心意义的各样的心理特征，也有后天经过历史、地理环境，进一步巩固的特征，可以说不可脱离历史的大势，更离不开他特有的性格特征和心理特质。总结说来，我认为成吉思汗有六个密码。

第一，目光远大，却又斤斤计较。可以说他幼年时的苦难经历，他的雄才大略，造成了他自强不息的性格，而统一蒙古之后更加强了他的这种性格，所以大家尊他为除了海洋之外都想统治的成吉思汗。南下伐金，灭了西夏，最后在他的孙子那里灭掉了南宋，统一了中国。他的这种伟大抱负可以说是童年时候萌芽，青年时候酝酿，壮年时候形成的。成大事不拘小节，但是在成吉思汗身上也是有矛盾性格的，小事上他也斤斤计较，维护自己的利益。

举一个简单的例子，在小时候，为了一条鱼，铁木真和他的同父异母的弟弟哈撒儿起了争执，就一箭射杀了这个同父异母的弟弟，《蒙古秘史》记载了这惨不忍睹的一幕。我们知道，中国拍了一部电视剧，二十多集，叫《成吉思汗》，记录了这段历史。

一次，成吉思汗的叔叔不守规矩，成吉思汗就当众羞辱他的叔叔，用鞭子抽他的叔叔。他叔叔不服，说我是你叔叔，凭什么打我，但是成吉思汗说，你是我叔叔，但是我是你可汗，就把他的叔叔驱逐出帐了。

成吉思汗一生以扩展疆土为目标，以征服为快乐，晚年时，他的几个儿子为了王位而争得不可开交。他说，你们不要争吵，世界上的土地有的是，无非就是我们多抢一点，跟我西征就是了，因此踏上了漫漫西征之路。成吉思汗胸怀大志，征服是其价值所在，他绝对不能容忍因小失大，所以他在小事上斤斤计较，体现了草原民族的英雄主义气概。

第二，真诚坦荡，却又狡诈多疑。掠夺和残杀是当时蒙古高原上的公理，任何民族在他的发展史上都不得不上演这一幕。

成吉思汗的胜利是靠真诚的友情和一诺千金的信义。他用真诚打动了王汗和札木合，站稳脚跟；他用真诚维护童年的友谊，有位大将叫博尔术，还有一个大将叫哲勒篾，他们都是成吉思汗的玩伴，他们心心相印，生死相依。遗弃过他的人，幡然来归时，他不计前嫌，以诚相待；徘徊于他和他对头之间的人，困于饥饿，要求参加狩猎，他欣然接纳，并分给他们食物；射杀他的泰赤乌部落的一个大将、后来立下汗马功劳的哲别，曾和他有过纷争，一箭射死了他的坐骑，归附他之后，他说以前的事情就不要提了，我们从此是朋友。同时，他憎恨谋叛行为，哪怕是他的敌人的部下谋叛。比如泰赤乌部的家丁抓住了主人，本来交给成吉思汗，那肯定是论功领赏，但是家丁将主人放了，独自来投靠成吉思汗，成吉思汗认为家丁这么对待主子是对的，表示赞许，并给予这个家丁重赏。

这位旷世英雄靠真诚折服了所有人，他的胜利可以说首先是道义上的胜利，人格上的胜利。论机谋和实力，可以说札木合算得上是一代枭雄，但两雄相争，札木合却只能败北，因为札木合没有道义可言。刚才说了，胜利之后，他用大锅煮热水来烹煮俘虏。联盟时指天发誓，兵败时却洗劫盟友，所以说，札木合魔鬼般的才能被历史唾弃，而成吉思汗却推动了历史的前进。这一段故事在关于成吉思汗的电视剧中都有长篇的叙述。

当然，他的真诚并不是无脑，相反，他不轻信，而且多疑。比如说对于术赤，他的大儿子，他虽然说术赤是他的长子，但心里还是没把握，究竟是不是我所生的？所以他不把汗位交给术赤。还有就是，攻灭西夏时，成吉思汗怀疑西夏末帝投降的诚意，所以他就跟他的儿子们说，我死后，秘不发丧，让敌人摸不清实情。等到西夏末帝出城的时候，我们要全部杀掉西夏国王和他的军队。

成吉思汗还对夸夸其谈深恶痛绝。波斯人归降后，成吉思汗命他起草一篇最后的通牒，结果这个文人照着波斯的习惯，做了很多粉饰，就是我们现在说，写文章做了些修饰、润色，成吉思汗于是大怒，把这个人杀掉了。

成吉思汗以他的真诚在原来可以说没有文化的草原、一盘散沙的蒙古高原上凝聚出一个强悍的民族，真诚也是他的民族之魂。把一支没有文化的军队打造成战无不胜的铁骑，真诚是他的军魂，这是密码之二。

密码之三，宽仁守信，却又反复无常。成吉思汗宽仁守信，既能与部署同患难，还能一直共富裕。

蒙古人是非常注重誓约的。1203年的夏天，在成吉思汗最困难的时候，只剩下700残部，他跟他的18位将领，以湖水当酒明志，就是发誓。当时蒙古高原没有中原汉族式的礼法，这是典型的士为知己者死，有难同当，有福同享。

成吉思汗语录当中有一句著名的话，他说打仗时，我要是率先逃跑，你们可以砍断我的双腿；战胜时，我要是把战利品收进我的私囊，你们可以砍断我的手指。所以他言出行随，每次大战他都亲自陷阵。有人统计说，成吉思汗这一生，有500多位绝色女子相伴，按正常的逻辑，他应该早已沉迷于女色，但是成吉思汗到64岁高龄，仍挂帅亲征。无论哪次战役，他胜利之后，只拿战利品的10%，其他90%都分给他的部队，与大家分享。

他甚至抹去人种、贵贱之分，敢用敌将。他西征时有20万部队，蒙古人只有10万，另外那10万是金国的制械兵，汉人的火器师，还有穆斯林的公关团队，是一个"联合国军"，在《元史》当中，有记载的就有 80 多人。

成吉思汗甚至还有为了一句儿戏话买单的时候，简直是钻石级的信用。在他征服蒙古高原的时候，有一个人说成吉思汗能成为我们的大汗。他当时说，如果我能够成为蒙古族的大汗，我一定重奖你，封你为万户侯。因此，他统一蒙古了之后，封了四个万户侯，前三个万户侯都是有武功的，只有这个没有武功。但是他兑现了当年的诺言，虽然这个人没有武功，也封他为万户侯，封给他大片的土地，所以这样的领袖自然会得到拥戴。

他首先对有功人员进行封赏，然后再封赏自己的亲属，这种宽仁守信，保证了身边不会滋生阿谀之臣，又保证了他成功之后，不枉杀功臣。可以说成吉思汗封赏的将帅没有一个背叛他的，都是效忠终身，他也是唯一一个没有杀害一个将领和功臣的帝王。

但有的时候，成吉思汗也反复无常，这是一种战争权谋，却也反映了他的复杂性格。札木合是他的拜把兄弟，王汗也是他父亲的结义兄弟，是他的义父。当初利益一致时，共同对敌，但是利益冲突时，他就抛开信义，刀戈相向。

1221 年，成吉思汗的军队围攻斡罗思统帅基辅侯，他答应不杀降兵，为了消除后患，却违背诺言，将斡罗思联军赶尽杀绝。因为战争一向都是残酷的，慈不掌军，宽仁立德，杀人立威，令敌胆丧，这是成吉思汗并行不悖的特点。

密码之四是心狠手辣，却又儿女情长。其兵力最盛时不过二十万，还包括附属的军队，而对手常常是数倍于此，因此心狠手辣也是他的最大特征和成功之道。

他建立了一种"功赏文化"，战斗时奋勇杀敌，战斗后坐地分赃，所以蒙古将士把出征作为节日，割下敌人的耳朵去邀功领赏。蒙古族的男孩儿，15 岁要从军，而且自己带着马匹，自己带着粮食，自己带着武器。蒙古将士平素就像牛犊一样温顺，一到战场就像扑向牛群的野兽。

历史上成吉思汗确实以心狠手辣闻名，常常发令抵抗者一律消灭，投降者不可留，所以动不动就屠城。在屠城的时候，对儿童和妇女都赶尽杀绝。杀戮过重，成吉思汗也难辞其咎。

成吉思汗一生经历了六十多场战争，只有和札木合的十三翼之战，因为寡不敌众，撤退了。除此之外，他没有一次失败，除了他的心狠手辣培养出的高压线文化之外，还靠纪律来维持。

蒙古的作战单位是四人一组，同进退，共生死，抛下同组的战士逃跑，一律杀死，所以他的士兵都勇往直前。

但是成吉思汗并非只是铁石心肠，也有儿女情长的时候。他的妻子被敌人掳走，他也怀疑术赤不是他的亲生儿子，但是归来后仍然待他很好。

1189 年，他被推举为汗，跟出生入死的部下多次说过，我惶恐时你来安慰，我困难时你来我的身边。按现在的说法，他还爱给部下起外号。大家知道，他对契丹俘虏耶律楚才一见倾心，耶律楚才有大胡子，他就给起名叫大胡子。畏兀儿人塔塔统阿原是乃蛮部太阳汗的师傅，管理出纳钱谷、委任人才的金印，成吉思汗抓获他后，还是命他执掌印玺，并请他教自己的四个儿子学畏兀儿语，后来发展演化出了蒙古语。如此的情感绝对不是单纯的君臣关系所能有。

第五个密码是敢于创新，又不打破藩篱。他的伟大之处在于他在草原推动了一场改革，一场创新，确保人人都能从战争中获利。最引人注目的就是奴隶的子女也有财产继承权，战士也能在战场上改变自己的命运。不是为国王而战，而是为自己而战，这就成了一支全民皆兵、主动而战的虎狼之师。所以成吉思汗只凭一个小小的变革，就征服了人心。

他还发动了一场变革，建立了千户制度。百户，十户，上马是战斗单位，下马是生产单位，这样的架构是对生产资源一次性分配。刚才说过蒙古人入伍自带马匹，甚至两匹马，机动能力非常强，比如在匈牙利平原，三天骑行六百华里；攻打乃蛮部，是从鄂尔多斯直抵阿尔泰山，长途奔袭六千华里，可以说是农耕时代的闪电战。

对于武器不乏创新。虽然是冷兵器时代，他还尝试发明热兵器，比如铜炮，这是冷兵器时代最具杀伤力的兵器。还有轰天雷，这是最早的手榴弹。他还使用过火焰喷射器。

蒙古早期没有文字，发令失误率极高。所以成吉思汗让人编了许多歌曲，不同的曲调代表不同的意义，就是我们今天所听到的蒙古长调，减少了失误率。

但是成吉思汗没有能力改变社会制度，对农耕文明有抵触，埋下了仇恨的种子。

第六个密码，唯我独尊却又豁达大度。游移不定的草原，严酷恶劣的环境，毫不留情的强敌，有一种天地之间我最大的豪迈，让成吉思汗养成了这种性格。

他不惧任何危险，常常是不论众寡，吓破敌胆，从他的兵法看到的却是他的心法。他临终前留下的迂回灭金的方法也是唯我独尊，所以 1234 年他的儿子按照他的遗嘱，讨平金朝。

在他眼里世间只有一个英雄就是他自己，所以他灭掉了四大乌古斯，统一蒙古，西征灭掉几百个部落。灭掉金朝也是这样，他吐了口唾沫，说中原统治者是天子，金国国主这样的懦夫也配吗？就策马扬长而去，完全是唯我独尊的气派。

但他要求蒙古的萨满，就是神的使者，也要接受王权的控制。大萨满，需要得到他的证实并由他代替天授予，借此铲除了所谓的在他之上的萨满。

他也有雍容大度的一面。和部下打马球，问部下，你今天打球怎么不来了，不敢来了？还用请吗？西征时，喝得酩酊大醉，谈到死却是处之泰然，毫不含糊，说我死后要葬在这棵树下。

长春真人丘处机来到他的行宫，跟他说有健康之道，没有长生之药。他顿时醒悟，说你真是神仙。他涉猎坠马，丘处机建议他年纪大了不要狩猎，但是他说尽管你说得对，可我从小就这样。

在成吉思汗之前，蒙古草原历史上从未出现过他这样恩威并重的统治者、可信任的朋友、恐怖的杀手、蒙古伟丈夫，这揭示了他的文化力量。

### 成吉思汗的千秋评价

最后这部分，认真地盘点分析对成吉思汗的千秋评价。

站在什么角度上评价成吉思汗？

西方马可·波罗元朝时到中国，1271 年，正好忽必烈改国号为大元。1295 年，他离开东方，回到意大利写下了《马可·波罗游记》，很多西方人因为《马克·波罗游记》才知道了中国。马可·波罗写的是什么中国？是大元时期的中国，大元这个时代在西方是非常受欢迎的。但是到了 17、18 世纪，经过西方的启蒙运动，西方的学者对于蒙古的评价发生了改变，蒙古甚至成为所有罪恶的源泉，特别是孟德斯鸠曾经说过："鞑靼民族的奴隶性是在被征服的国家建立了奴隶制和专制主义。"启蒙时代的另外一个学者伏尔泰说："成吉思汗凶残而野蛮，他是人类的灾难，他把恐怖政体带到各地，他把屠杀变成了满意的、有条理的制度。"当然这两个启蒙学者主要是在含沙射影地指责法国当时的政治制度。

在中国，对于成吉思汗的评价也是泾渭分明。朱元璋因反元而得天下，但是他在法理上仍把元作为正统。我们知道，明初仓促写就了《元史》。在这个《元史》当中，对于蒙元的建设并没有全面否定。到了明末清初，对于蒙元时代的建设全面否定，内在原因是皇权的高度发达，外在原因就是边患造成汉族的家国破坏。我们知道秦始皇时开始修长城，为什么要修长城？就是要阻挡北方游牧民族对于中原的侵害。那么国内学者对于蒙元，在贸易、交通、民族融合等方面都有正面评价，并没有超过农耕社会更替的范畴。

近二十年蒙元的研究也成为一种显学，出版的蒙元学术专著越来越多，我们在图书馆可以看到很多这样的书。去查一查，看一看，近二十年来关于成吉思汗的研究不下十几种，七八百年来各国的政治家、军事家，都从不同的角度研究和解读这个人物，留下了不计其数的名言和著作，那么结合这些论著我也想分享一下我的观点。

2003 年 1 月份，十年前，民族出版社出版了一本书，叫《千年风云第一人：世界名人眼中的成吉思汗》，在这本书中集结了五十多个国家的三百位名人、学者关于成吉思汗的论述。

成吉思汗的千秋功业主要有四点。

第一就是纵横捭阖，所向无敌，缔造了世界历史上最大的帝国。统治了三千万平方公里的土地，战胜了四百多个国家，这四百个国家现在生活了三十五亿人。所以《千年风云第一人》里面认为，成吉思汗建造了世界上第一的帝国，这是学界和政治学家的公认。

有位日本学者叫太田三郎评价成吉思汗，说自地球诞生以来，有英雄气概的很多，但版图之大，国力之盛，成吉思汗前无古人，后无来者，空前绝后。

英国学者莱姆在《全人类共同的帝王——成吉思汗》一书中说，成吉思汗是比欧洲更大规模的征服者。拿破仑是欧洲光辉的明星，但他在世时帝国就已经覆灭，亚历山大是人死国灭，成吉思汗的儿子君临西起亚美尼亚，东至朝鲜，北至西伯利亚，南至西藏的广阔疆域，他的孙子忽必烈支配了世界的一半，为此，他称成吉思汗是"人类的皇帝"。

马克思也曾经说过，成吉思汗戎马倥偬，征战一生，统一中国。子孙三代为统一中国南征北战六七十年，征服民族多达七百二十个。

孙中山也说，亚洲最强大的帝国中，元朝居首位。元朝曾占领了欧洲，远比中国最强大的时候更强大。

那么这些说明，无论是名人学者，还是国家元首、革命领袖，都从不同角度承认成吉思汗是世界历史上成功者的典范，我们称他为最大帝国的缔造者是名副其实的。

第二是兵学泰斗，东方战神，世界历史上最伟大的统帅者。

我国学者达林太先生，在《蒙古兵学》一书中说，成吉思汗是蒙古兵学的始祖。

印度开国总理尼赫鲁在《怎样对待世界历史》一文中说，蒙古人的成就在于成吉思汗的指挥艺术，就战争规模、战略战术而言是史无前例的，成吉思汗即使不是世界上最伟大的统帅，也是最伟大的统帅之一。

美国最伟大的五星上将麦克阿瑟说，如果战争学的记载都被磨掉，只留下关于成吉思汗的详细记载，军人仍然拥有无穷无尽的财富，可以从中获得无穷无尽的知识，塑造一只战无不胜的军队。成吉思汗让历史上的指挥官都黯然失色，他战略高超，指挥巧妙，横扫千军如卷席，无数次打败数量上具有优势的敌人。虽然他残酷无情，但他清楚地懂得战争的规则，那就是胜者为王。

俄国军事家柯列金说，纵观历史，在很短时间内以很少兵力开天辟地，除成吉思汗外从未有过，可见其兵法高妙。

还有一位战神拿破仑说，我不如成吉思汗。不要以为成吉思汗进攻欧洲是一盘亚洲散沙在移动，这个游牧民族有缜密的军事组织和深思熟虑的组织，他们要比自己的对手精明得多。他说我不如成吉思汗，他的四个儿子都争先恐后为父亲效力，我没有这样的好运。

那么纵观中外的政界、军界、学界，一致公认成吉思汗是军事统帅，是战无不胜的战神。

第三是革制鼎新，教化万民，开创制度的一代圣人。成吉思汗的成功不在于他的武功，更在于他的政略。

成吉思汗革制鼎新、开创典章体现在两个方面。一个是对内，平息纷乱，改革民政，创立文明。由于文明的倾向性，成吉思汗推崇蒙古人和突厥人，最优秀的两个就是契丹人和回鹘人。他引进了突厥文明、摩尼教，以及中央文明、佛教的精华，所以成吉思汗建立了民政体系，创立了税收体系，建立了蒙古文字。

对外方面，最重要的是实施开明的宗教政策。蒙古帝国横跨欧亚两洲，有各种各样的宗教信仰，包括蒙古人原先所信奉的萨满教，藏族人、西夏人和汉族人所信奉的佛教，金国和南宋所信奉的道教和摩尼教，维吾尔族和西方各国所信奉的伊斯兰教，蒙古高原一部分部落和钦察、斡罗思所信奉的基督教。可以说成吉思汗是杀伐无道，但是他的宗教政策是非常开明的，他并不强迫被征服者信奉自己的宗教，而是宣布信教自由，这对于蒙古人自由入教，蒙古族减少税赋和徭役，对于安抚被征服各部，都有着重要意义。他的大将哲别，就曾利用抢走西辽王的屈出律强迫人们放弃信仰的行径，轻而易举地灭掉了西辽。

成吉思汗主张政教分离，认为现实世界和宗教世界是不同的，不能用宗教信仰干预政治，采取了政治和军事征服和宗教信仰自由的两手政策。比如说当时西方的哈里发帝国和花剌子模有矛盾，旭烈兀灭掉了哈里发帝国，结束了伊斯兰政教合一的体制；忽必烈灭掉了大理，征服了南宋，完成了中国历史上的第四次统一，也是第一次少数民族实现的统一，云南回归中国，西藏、台湾正式回归中国的版图。

宗教是古代文明的火车头，成吉思汗的信仰自由带来的是人性的自由，个性的自由和思想的自由，这是最大的德政和善政。联合国前秘书长安南说，成吉思汗建立了举世无双的蒙元帝国，他所建立的政权和法律至今对世界各国都有巨大的影响力，所以说成吉思汗是中国历史上一代文化圣人。

第四是沟通欧亚，重构版图，打破东西方壁垒的千年伟人。成吉思汗西征是因为东西方的一次商业冲突，因为花剌子模国王杀死了他的商队，这说明打破东西方老死不相往来的壁垒已成为历史的必然，成吉思汗是开路先锋。

所以印度总理尼赫鲁在《怎样对待世界历史》一文中客观分析了西征与商业的关系，他说成吉思汗在占领朝鲜的时候，本想停下来，但花剌子模的国王摩诃末杀了蒙古商人，尽管如此成吉思汗还是希望和平，摩诃末不但没同意还大开杀戒，又杀了使者，成吉思汗当然不能容忍，由此看出进攻花剌子模的正义性，是为了保卫他的商队。

法国的东方史学家格鲁塞写了一本书叫《草原帝国》。他说蒙古人开辟了一条洲际通道，只有美洲和好望角的发现才能与之相似。

美洲史学家阿塔斯也评价说，历史上唯一一个政权横跨欧亚大陆，从波罗的海到太平洋，从西伯利亚到波斯湾，往来于这条大道的商人是绝对安全的。

美国著名传记学家哈罗兰姆说，成吉思汗为五十多个民族建立了典章，维持了大半个世纪的和平与秩序，当时的国土横跨五十个经度，信使可以尽情地纵横。

韩国前总统金大中说，在网络出现的七百年前，就建立了国际往来关系，人类才拥有了世界史。

韩国学者金钟日说，我们只有一个全球化的家园，然而全球化始于成吉思汗的大统一。

近年还有美国明尼苏达大学的教授杰克·威泽弗德，花了五年时间在蒙古国上，查阅了大量的史料，写出了一本书，叫作《成吉思汗与今日世界之形成》，由重庆出版社出版。他在这本书中说，所有被蒙古征服的国家，最初都饱受被野蛮人征服所带来的破坏和惊恐，但贸易、金融很快就呈现了一种上升态势。欧洲人由于蒙古人的影响而在文艺复兴时期发生了改变，在蒙古人入侵的五十年里，众多被孤立分割的小圈子里，文明融为一体了，有了统一的洲际交通、政治体系。在亚洲，传统的中国的抑商政策被蒙古人打破，中国的工厂不仅要为全世界生产中国瓷器，丝织品，还要为专门的市场开辟新的品种，出口欧洲。

作者的这种看法就好像在评论今天的欧盟。成吉思汗的远征还带来了和平贸易和交流，推动了历史的进步。比如说造纸术、印刷术传入欧洲，使欧洲文化从神学中解放出来，开始了文艺复兴。火药和火器传入了欧洲，发生了重要作用。所以恩格斯说过，十四世纪初，火药传入欧洲，改变了作战方式。火药和火器的采用绝对不是暴力行为，而是工业和经济的进步，对于资产阶级战胜传统统治阶级起到了很重要的作用。指南针的传入，推动了欧洲航海业的发展。马可·波罗的游记推动了哥伦布的远航，发现了新大陆，欧洲进入了一个新的时代。所以威泽弗德总结，成吉思汗的出生改变了世界的发展方向，使世界从沉睡中觉醒。那么尽管成吉思汗的远征带来了血腥和破坏，但是他远征的终点是和平，这一点我们一定要切记。

当然成吉思汗的杀戮过重，血腥过重，这确实是违背人性的。但是在当时弱肉强食的历史阶段，这也是没有办法的选择，只有强者为王，才能在这个世界有立足之地。

近年来，不同的国家给名人排队，成吉思汗往往名列前茅。2005年，美国《华盛顿邮报》还把成吉思汗评为"千年风云第一人"。他们认为，历史不是圣人、天才和解放者的传说，成吉思汗完美地将人性的文明与野蛮集于一身，至今还没有找到一位比成吉思汗更适合这个称号的人。

尽管他不是完人，但瑕疵和局限仍然掩不住他作为历史伟人、文化圣人和民族英雄的灿烂光辉，这就是成吉思汗。

## 我与成吉思汗

最后要介绍的是我与成吉思汗的关系。我是蒙古族，生于贡格尔草原，我的身体里流着成吉思汗的血液，属于他的儿子拖雷一脉。我的祖先名字叫都达鲁花赤，跟随木华黎大将收复了山西、河北、山东，后来被封为山东半岛的封疆大吏。现在在山东牟平还有都氏宗祠，有五十亩地，现在还供着祖先的牌位。后来明太祖朱元璋灭元之后，就把我祖先"都达鲁花赤"的"都"定为姓氏，改蒙为汉，所以明朝之后我们就变为了汉族。我们老祖先，非常有智慧，和汉族相处得非常好，八月十五杀鞑子时没有被杀，改蒙为汉，在山东劳作一生。

最后我想用我曾经写过的一首七律诗《咏叹成吉思汗》来结束今天的讲演：自古英雄磨难多，天骄生死奈若何。横扫千军弃尸骨，驰骋万疆唤战魔。铁蹄声声嘶烈马，欧亚一统必雕戈。强梁虽无长生命，但留英名代代歌。

萨 苏

知名畅销书作家。曾出版作品四十余部，曾获新闻出版总署"三个一百"国家原创图书奖、新浪最佳写作奖。其写作领域广泛，尤其长于中日关系与日本当代问题解读，被誉为"日本问题专家"。并担任央视《甲午甲午》《甲午祭》等大型纪录片总策划，央视《讲武堂》主讲嘉宾。

# 追寻120年前甲午战争真相

萨 苏

对于甲午年来说,最重要的历史事件,就是发生在120年前的那场战争。战和争都不是人们想要的,为什么现在还在说战争?其实甲午之前,那时的中国也有梦,只是当时的梦破碎了。我们看到的,不应该只有战争,这只是一个变革失败的结果。

## 打捞北洋水师沉没残舰

一个人的人生都是由四轴组成的,其中三轴决定了你在哪,另外一轴就是时间轴。离开了时间轴,我们就可以看到甲午战争中那些鲜活的生命向我们走来。

这些年来,我用自己的脚步进行走访,走访日本、中国、英国等地,寻找那个年代中国人所留下的痕迹。

一年,我们在丹东海域打捞北洋水师沉没残舰。开始的打捞工作很困难,北洋水师当年沉没的几艘船舰,怎么都找不到,后来发现,船舰沉到海底,下面是泥沙,船舰的重量较重,慢慢沉到泥沙之中,最后用声呐技术才找到。我们请了一位著名的水下摄影师吴先生，开始他担心海洋污染，拍摄的环境不够理想，直至他跳入水中，发现水下 17 米的地方，能见度就有 3 米多，而摄影只需要半米多的能见范围。

2014 年 4 月 27 日，水下打捞有了成果，潜水员能够把残骸打捞上来，80% 判定，这部分残骸来自当年的致远号。120 年前，曾有 200 多条鲜活的生命，和它同时沉入冰冷的海底。当残骸的钢板被打捞上来，我们看到时大吃一惊，因为一半有着黑色的油漆，一半非常光亮，黑色的油漆是当年中国海军所特有的，有的残骸埋在泥沙中，不断冲刷，所以依旧光亮。似乎这艘船舰刚刚沉入海底不久。可是拉上来不过 10 分钟的时间，发生了让我们吃惊的一幕，钢板接触到氧气后，迅速氧化变色。这仿佛是一个约定，就在那里等着我们，不要忘记最初的样子，只是让我们匆匆看上一眼，它就会迅速老去。

## 在日本探访"定远馆"

曾去日本寻访 120 年前的那段往事，探寻那时候的中国人，往何处去。有位日本人，打捞了定远号部分残骸上来，在日本修建了一个房子，就叫作"定远馆"，里面的建房材料，全都是在定远号上获得的，比如船舰的船板、门、甲板等。当我找到定远馆时，发现这里已经成为了一间仓储室，门前形成了一个大的交易市场，现代的空调线，就钉在当年的甲板上。

定远馆的大门，是用当年船上的铁皮制成的，我原本想用手指，去感受铁门的厚度，可是在触摸到的一瞬间，我感到非常吃惊。原来以为，铁皮都是冰凉的，可是我触摸到的，却是人体一样的温度。当然，我们在去的时候，正好是夏季，又是中午，铁门被阳光晒热了，可是内心中的感觉却是不一样的，仿佛有一种血脉相连的感觉，心里涌出一丝悲伤。当我们回望战争时，有残酷，有报复，有阴影，但是当我离开时，正是夕阳西下，我回望定远馆，仿佛看到了一个老人，蹲在那里。120 年的时间消失了，这只是一个温厚的老人。我还可以回去，可是这位老人，却回不去了。120 年前，我们没有走上自己想走的那条路，没有完成我们的梦想。

在日本冈山，我们还看到当年北洋水师军舰上的铁锚，那里还有一枚炮弹，当年打在日本舰船上，但没有爆炸。那不是一个我们想象中的清代，那时的中国，也有蒸汽铁甲的船舰了。当我们触摸这个巨大的铁锚时，还能听到若有若无的声音，如同空谷禅院中的钟声。

## 去英国求富国强兵之道的中国海军

我曾看见过中国清代海军军人林泰曾的一幅照片，和想象的不一样，他的服饰非常西洋化，戴着海军便帽，打着领结。在北京颐和园，还有一艘当年的小轮船，制作非常精美，如同竖琴一般。那时的制船都比较个性化，设计师画出图纸，工匠们制作，每样只做一两艘。

在日本很多海军将领的回忆录中，都曾提过林泰曾的名字，并称呼他为清军海军的岳飞。他是福建人，林则徐的侄孙，开始是在福建学的海军。日军派了海军前往台湾，清政府的反应很快，也派海军过去。第一支小分队，就是由林泰曾带过去的，他们从台南登岸，并绘制了详细的地图，日本人看清军来了，也就撤退了。后来，林泰曾被派往英国海洋学校学习，我也专门去那里查过，并没有发现他的学籍，因为他在去英国的时候，已经非常优秀了，直接被安排到船舰上实习。

1881 年，在英国的议会中，发生了一场争辩，就是让不让中国海军登陆英国？原因是在 1880 年，中国买了两艘巡洋舰，并派遣了二百多个人，要把船舰从英国开回来，这二百多个人，每个人出发时，都带了一把枪。于是，议会就开始争论，开明派认为可以让中国军人来，就要有这样的胸襟。保守派则认为，不能让有编制的队伍进入英国国土。最后，还是英国领导人发话了，他说，要让中国人了解，现在的世界是怎样运行的。

当时的中国是什么样的呢？曾经有过这样一张照片，很能说明问题。故宫里的房屋坏了，请了外国人来维修，外国人爬上屋顶，看到一行人走过来了，走在前面的就是慈禧太后，于是用相机拍了一张。慈禧太后没有生气，还扬起手帕示意，这位外国人又拍下了一张。当时要派一位大臣出任驻英国公使，这位大臣不乐意，认为英国刚刚入侵过中国。这时，慈禧太后召见他说，你还是去吧，英国人烧了我们的圆明园，此仇一日不可忘，但是这不是杀几个人，烧几个房子就能报仇的。

于是，当那些中国海军军人踏上西去的船舰时，还是非常悲壮的，他们齐声说道：去国七万里家邦，求富国强兵之道。他们是多么富有朝气的一群人啊。

## 在英国大受欢迎的中国海军

我们现在看当时清军的海军军服，还觉得很有意思。颜色已经是世界通行的蓝色，但是样式还是中式，衣服左上角绣有"寿"字，来表示军衔。衣服上还有臂章，比如鱼雷兵，就绣了一个鱼。炊事兵，就绣了一个茶壶。海军军士头上还有瓜皮帽，其实这是很符合海军军服的，因为船舰内的空间很小，瓜皮帽很适合。

这支军队登岸以后又是怎样的？我们可能会想到中国人应该会闹很多笑话。结果不是这样，当这些中国人到达英国领土时在岸上表现得非常好，所有水兵在三个月内全部学会了英语口令。我到威海去时碰到一个非常有意思的现象，可以说是北洋水师的文化遗产：两个老太太在街上走，其中一个老太太跟另外一个人说："大姐，咱们俩出去 LOOK、LOOK。"我一听吓了一跳，明明是一个农村的老太太，一看绝对是没受过教育的，但她给你来一个"我们一块上街 LOOK、LOOK"。这是怎么回事？问当地人时才知道，"LOOK、LOOK"是当地的俚语，跟北京"犄角旮旯"一样。这是因为当时北洋水师的水兵很多是山东一带人，他们在军舰上所有口令全是英文，回家时就会把英文带回家。

当中国海军上岸时，当时英国人没有见过这么多东方人到纽卡斯尔来，于是市长组织了欢迎仪式，但没让妇女参加，都是男性。纽卡斯尔的妇女非常反对，一定要求她们也参加，跟中国的海军做一个联欢。

有一个英国妇女在兵营旁边看到中国水兵，这时候一个中国军官主动走过来想跟英国妇女打交道，因为他只会非常有限的英语，所以双方根本无法用语言说通。但英国女士邀请中国海军军官到她家里做客。于是中国海军军官同意了。在约定时间里他到她家做客，英国家庭做了充分的准备，在家里给中国海军军官进行了一场才艺表演，这个家有两个女儿，一个女儿弹钢琴，一个女儿唱歌。中国海军军官觉得弹钢琴的女儿非常可爱，军官出去时从腰带上拿出扇子和毛笔，当场赋诗一首写在扇子上赠给对方。至于人家是否能看懂是另外一回事。赠扇子以后，英国少女非常感动，经常找中国海军军官约会。

## 追寻职业军人梦想的忠诚之士邓世昌

我还找到了中国建铁路的奏折资料，这说明当时大家还是在努力地追赶世界，可惜的是，速度太慢了。中国的传统文化与中国走向现代化是可以共同前进的，可以与现代文明共存。应该说，在甲午战争之前，中国人正在一步步地努力。

那么，甲午战争发生了什么？这里我们必须提到邓世昌。当时朝鲜发生了政变。中国派出了两艘军舰，挡住了日本八艘军舰，稳住了危局，并且一度维持了东亚的和平。当时中国军舰的负责人，一人是邓世昌，一人是林泰曾。

当时，中国有着最先进的巡洋舰。前后架起两个大炮，威力强，而且马力强劲。这其中，科技起了很大的作用。1916年，一位日本摄影家拍摄了长江。这是一个向上的国度。一战爆发后，列强对中国的压榨稍微松了一点。当世界给中国一个机会的时候，中国还世界一个微笑。

中国军舰，炮口可以转，但是有拘泥，那时候炮是放在房子里的，没有想到房子和大炮一起转。这也说明人类的进步是一点一点取得的。北洋水师最终败在了日本联合舰队的手里。军舰最终沉没。1896年日本画师曾画过当时军舰沉没时的画面。一看军舰，发现上面没有一条救生艇。在中国军舰撞向敌军时，救生艇全部都在水里。这说明当时邓世昌和军舰上的人，是抱着誓死不归的信念去的。

我认为邓世昌是忠诚于自己所从事的职业的。他是中国第一代海军军人。他追寻的是作为职业军人的梦想。我们学习邓世昌，要学习他对自己事业的忠诚。

我们找到邓世昌的外孙女。她对这位外祖父没有什么印象。但她告诉我们：我妈妈有印象。当时邓世昌始终住在军舰上，当船靠港的时候，很多人可以把亲人迎接归家。但是，邓世昌却是一个例外。当听到这一点的时候，我觉得冷冰的历史，又多了一些人性的温暖。

**海军输在技术上，陆军输在了体制上**

当然，在北洋水师中，也有逃跑的，升起了白旗。而且这个人充满了谜团，具有很强的复杂性。他贪污得很厉害。在全国六个城市有房产，光在威海卫就有48处房产。此外，还遭到一个英国老板的起诉。原因是他借钱做房产，但是没有还钱。其实，这一战是他第一次参战。开始打得中规中矩。当时，日军的炮弹射穿了钢板。爆炸后，他发现自己身边的人都死了，自己身上沾满了脑浆等，在那个时候他的心灵受到了极大的考验。

在此，我想说的是，他们的光荣是我们的光荣，他们的耻辱也是我们的耻辱。

北洋水师败在哪里？是腐败，还是败在洋人手中？中国海军落后于日本，停止购买军舰等武器。有的炮弹还是20年前买的。海军确实输在技术上，但是陆军是输在了体制上。

当时，中国在国家走向上出了问题。当时，清政府认为，我们的大门被打破了，要修好城墙继续过奴才主子的日子。那时，很多老百姓不愿意打仗了。因为他们没有从这个国家得利。

我们一直认为，历史是一条长河，我们的国家就是一条船。因为北洋水师，我们有了近代煤矿，有了近代铁路等，而且这些都保存了下来。

历史中的每一代人都有局限性。前一代人，力用尽了，停在了那里。第二代人，把接力棒接了过来。一代又一代人，把国家带向了更高的层次。

**图书在版编目（CIP）数据**

历史十讲：走进王朝深处 / 纪连海等著 . —北京：东方出版社，2015.3
（扬州讲坛）
ISBN 978-7-5060-8082-8

Ⅰ.①历… Ⅱ.①纪… Ⅲ.①中国历史—通俗读物 Ⅳ.① K209

中国版本图书馆 CIP 数据核字 (2015) 第 053905 号


**历史十讲：走进王朝深处**
（ LISHI SHIJIANG：ZOUJIN WANGCHAO SHENCHU ）

作　　者：纪连海 等
责任编辑：王慧敏　　蒋芳仪
出　　版：东方出版社
发　　行：人民东方出版传媒有限公司
地　　址：北京市东城区朝阳门内大街 166 号
邮政编码：100706
印　　刷：三河市金泰源印务有限公司
版　　次：2015 年 4 月第 1 版
印　　次：2015 年 9 月第 3 次印刷
印　　数：8 001–11 000 册
开　　本：710 毫米 ×1000 毫米 1/16
印　　张：15.5
字　　数：195 千字
书　　号：978-7-5060-8082-8
定　　价：36.00 元
发行电话：( 010 ) 64258117　64258115　64258112